Klee
Eine feine Gesellschaft

Ernst Klee

EINE FEINE GESELLSCHAFT

Soziale Wirklichkeit Deutschland

Patmos Verlag Düsseldorf

Die Deutsche Bibliothek — CIP-Einheitsaufnahme

Klee, Ernst: Eine feine Gesellschaft:
soziale Wirklichkeit Deutschland / Ernst Klee. —
Düsseldorf: Patmos-Verlag, 1995
ISBN 3-491-72336-1

© 1995 Patmos Verlag Düsseldorf
Alle Rechte vorbehalten
1. Auflage 1995
Umschlagbild: Frank Vinken, Dorsten
Druck und Bindung: Clausen & Bosse, Leck
ISBN 3-491-72336-1

Inhalt

Vorwort

Ich komme von unten und bin dankbar dafür.

Ich habe gelernt, wie es ist, wenn man unten ist und andere einem bescheinigen, daß man dort auch hingehört.

Während des Theologie-Studiums wäre ich ob der Menschenkälte fast erfroren. Nach neun Semestern sagte ich meinem Professor, Ordinarius für Sozialethik, daß ich auf akademische Ehren verzichte. Er bot mir eine Doktorarbeit an. Als ich ihm sagte, er habe mich nicht verstanden, meinte er: »Der Mensch braucht nun mal ein akademisches Examen, wenn er etwas werden will. Dann hätten Sie eben Fürsorger werden sollen.«

An der Universität habe ich Professoren gehört, die in der Nazi-Zeit Karriere und nicht nur das gemacht hatten. NS-Täter wurden hofiert, ihre Opfer, sofern sie überlebten, noch einmal in den Dreck getreten. Ermordete kann man nicht lebendig schreiben. Aber wir können sagen, wer Unrecht tat und wer Unrecht erlitt. Das haben die Opfer nicht oft erlebt. Eine feine Gesellschaft: Wer oben ist, wird hofiert, wer unten lebt, gedemütigt. Vielleicht begreifen einige, daß unsere eigene Lebensleistung wenig ist gegen die eines spastisch Gelähmten (»Spasti«), der gegen seinen zuckenden Körper, seine verwaschene Sprache und unsere Vorurteile vom erfolgreichen Menschen ankämpfen muß. Es gibt mehr Karrieremenschen als Menschen.

Ich habe Glück. Ich habe Menschen vor Augen, die körperlich, psychisch oder sozial behindert sind und soviel Nähe schenken. Und ich habe das Privileg, jeden Tag lernen zu dürfen. So soll es bleiben.

Ernst Klee

Sozial-Protokolle

Eine Stadt —
aus dem Rollstuhl betrachtet

Erfahrungen eines »freiwilligen Krüppels«

Ich bin nicht verwachsen. Mein Gesicht ist nicht entstellt. Der Paß bescheinigt mir von Amts wegen, keine unveränderlichen Kennzeichen zu haben. Die Leute auf der Straße drehen sich nicht nach mir um, bleiben nicht vor mir stehen und beglotzen mich nicht — normalerweise. In dem Augenblick, wo ich mich in einen Rollstuhl setzen und eine Decke über meine Knie legen ließ, wo eine »Betreuerin« mein Gefährt vor sich herschob, änderte sich alles: Meine Umwelt ordnet mich eine Etage tiefer ein. Die Mitmenschen begaffen mich, diskret oder ungeniert, tuscheln hinter mir her, vielleicht, daß sie mir ein mitleidiges Wort gönnen.

Ich parke mit meinem Rollstuhl an der Bushaltestelle. Die Schulkinder beachten mich nicht, ihnen fällt nichts Ungewöhnliches auf. Doch die Passanten, die mit auf den Linienbus warten, reagieren. Zuerst verstummt das Gespräch, ihre Blicke wechseln herüber, verstohlen, nicht direkt. Dann lebt der Plausch wieder auf. Doch während die Dame mittleren Alters scheinbar unbefangen von Tante Irmi und Onkel Otto plaudert, belauern mich und meine Begleitung ihre Blicke. Der ältere Herr, scheinbar in die Tageszeitung vertieft, stellt sich ein paar Meter zurück in einen Hauseingang — weil er von dort besser beäugen kann. Nichts haßt der Behinderte mehr als dieses Spießrutenlaufen neugieriger Augenpaare, viele werden ihr Leben lang damit nicht fertig, resignieren, ziehen sich in die Stube zurück.

Der Linienbus stoppt. Die Wartenden eilen auf die Türen zu. Um den Rollstuhlfahrer und seine Begleiterin kümmert sich keiner. Aus dem Businneren sieht man bedauernde Gesichter, etliche zucken nicht weniger bedauernd mit den Schultern: Der Bus ist voll.

Als Behinderter sitzt man hilflos in seinem Selbstfahrer. Man muß warten, bis sich einer »erbarmt«, den Wagen anfaßt und in den Bus hineinhebt. Meine Begleiterin berichtet, sie habe schon eineinhalb Stunden im Winter an einer Haltestelle gestanden, während ein Bus nach dem anderen — voll besetzt — weitergefahren sei. Doch dieses Mal ist dem nicht so. Ein Herr sagt dem Busfahrer Bescheid, ein anderer Herr packt mit an, einige Fahrgäste beschließen, schon an dieser Haltestelle auszusteigen, um Platz zu schaffen.

Ich bin im Bus. Man sieht die Köpfe der Fahrgäste weit über sich. Die reden über mich. Sie reden mit meiner Begleitung. Niemals mit mir. Wie heißt er denn? fragen sie oder: Wie alt ist er denn? Was hat er denn? will eine Dame wissen. Und als letztes: Kann er reden? Der Behinderte erfährt sich so als Objekt. Er wird in der Regel nicht selbst angesprochen, sondern man befragt die Begleitung. Das fängt oft schon im Elternhaus an. Ich frage ein körperbehindertes Mädchen oder einen jungen Mann, doch statt dessen antwortet die Mutter. So trifft beides zusammen: Die Entmündigung der Behinderten durch die Eltern zwingt sie in eine passive Rolle, und die Vorurteile der Umwelt, die den Behinderten nicht ernst nehmen, bestärken die Passivrolle. Die Leute im Bus verhalten sich nicht anders. Sie wechseln mit mir kein einziges Wort, weil sie den vermeintlich Behinderten nicht für voll nehmen und weil sie befangen sind. Eine ältere Dame schlenkert die Einkaufstasche und erzählt von ihrer eigenen Behinderung: »Nur — man sieht es eben nicht.« Zwei Herren wechseln in ihrem Gespräch abrupt auf Kriegserlebnisse, denn im Krieg gab es viele »Verkrüppelte«, da waren die so Gezeichneten keine Ausnahme. Sie empfinden die Anwesenheit des vorgeblich Behinderten als Ausnahmesituation und wechseln wohl deshalb unbewußt ihr Gesprächsthema.

Der Busfahrer will beim Ausladen von der Begleitung keinen Fahrpreis erheben: »Aber ich bitte Sie!« Und so wird es noch des öfteren passieren: Irgendwelche Menschen wollen keinen Eintritt, keinen Fahrpreis oder legen gar eine, zwei oder zehn Mark auf den Rollstuhl, damit sich der Behinderte einen schönen Abend mache. Sie nehmen den Behinderten als vollwertigen Menschen (und wo nähmen sie etwas ernster als beim Geld?) nicht ernst, akzeptieren ihn nicht einmal als Geschäftspartner. Sie geben Almosen, Mitleid, belanglose Worte, um ungeschoren davonzukommen. Denn mit wem soll im Normalfall ein Behinderter sich den »schönen Abend« vertreiben?

Die Fahrgäste verlassen eilig den Bus. Links und rechts wischen sie an mir vorbei, und jetzt, da ich im Weg stehe, ignorieren sie mich vollends. Sie ziehen vorbei, lautlos, schattenhaft, als stünde da nichts oder — man verzeihe die harte Sprache — als wollten sie einem Haufen Hundekot ausweichen.

Was die Bordsteine für einen Behinderten bedeuten, vermag sich kaum jemand vorzustellen, der sie nicht im Rollstuhl zu meistern suchte. Bordsteine sind mit die größten Probleme. Kaum hat man etliche Meter zurückgelegt, schon kreuzt die nächste Straße. Man muß das Trottoir hinunter. Die Ampelschaltungen sind jedoch zu kurz, bei Grün erreichen der Körperbehinderte und seine Begleitung kaum die rettende Straßenseite. Da staut sich bereits der Verkehr. Sehr deutlich empfindet man sich als Hindernis, als Belästigung, zumal, wenn der Bordstein hinauf bewältigt werden soll, man normalerweise den Fahrstuhl drehen muß. Der Begleiter tritt von hinten auf das Gefährt, um das Gewicht zu verlagern, und hievt den Behinderten rückwärts hoch. Die Prozedur hat tiefgreifende Folgen, die kaum beachtet wurden: Der Behinderte ist ohnedies nicht trainiert, Schwierigkeiten zu meistern. Eine seiner lästigsten Schwierigkeiten, das technische Problem, einen Bordstein zu bewältigen, wird gelöst, während der Behinderte mit dem Rücken zum Bordstein ist. Das heißt, er sieht dem Problem nicht in die Augen, er sieht ihm nicht entgegen. Er wird dem Gefühl des Ausgeliefertseins ausgeliefert.

Die Abnormität wird dem Rollstuhlfahrer noch öfter deutlich. Seine Begleitung schiebt ihn. Will der Behinderte sich unterhalten, muß er den Kopf stets zum hinter ihm gehenden Betreuer drehen. Er muß auch zu ihm stets aufschauen. Daß diese Oben-nachunten-Abhängigkeit apathisch macht, bezweifelt niemand. Daß diese Situation ein partnerschaftliches Verhältnis unmöglich macht, bezweifelt ebenfalls kaum jemand. Wenig bekannt ist allerdings, daß man als Betreuer gar nicht hinter dem Rollstuhl herlaufen und schieben muß, man kann bei einiger Übung nebenhergehen.

Im Kaufhaus habe ich noch nicht eine der Türen angesteuert, als mich bereits zwei — gutmeinende — Käufer duzen. Dadurch, daß ich in den Stuhl wechselte, wechselte auch mein Status, mein Ansehen. Das Duzen passiert einem überall. Die Verkäuferinnen behandeln mich so, wie ich sie behandele. Verhalte ich mich demütig-ergeben, wie das Behinderten anerzogen ist, so beachten sie mich nicht. Sie sprechen mit meiner Begleiterin, obwohl *ich* die Herrensocken tragen möchte, setzen voraus, daß die Begleitung auch bezahlt. Während über mir der Verkauf abgeschlossen wird, Geld und Ware wechseln, legt man mir achtlos die Päckchen und Tüten in den Schoß — wie in einen Einkaufswagen im Selbstbedienungsladen. Wenn ich jedoch unbehindert auftrete, d. h. nicht ergeben, sondern bestimmt, dann wendet sich die Verkäuferin auch mir zu, behandelt mich »normal«.

Der Behinderte hat es jedoch schwer, so »normal« aufzutreten. Er sieht die Welt eine Etage tiefer, die oberen Regale im Kaufhaus erreicht er nicht, die Sicht im Selbstfahrer reicht nicht über Zäune. So verengt sich auch zwangsweise meist der Horizont. Vor Geschäften wird er gerne, weil man es eilig hat oder sich schämt, abgeparkt, wie man einen Hund vor dem

Metzgerladen anleint. So wird man auf Warten, Geduld, Ergebenheit gedrillt, nicht mit böser Absicht, aber es geschieht eben. Da man sich selbst als Last und Bittsteller empfindet, mag man auch nicht aufbegehren.

Es könnte anders sein, wie ein simpler Test beweist. Über die Maßen gut gefällt mir ein Etagencafé. Die breiten Fenster führen den Blick auf einen herbstlichen Park, einen flachen Weiher und parlierende Spaziergänger. Doch kein Lift ist da, Treppen und immer wieder Treppen versperren dem Behinderten den Zugang zu Ämtern, zur Post, zum Theater, Kino oder Café. Treppen sperren den Behinderten vom Leben ab. Er bleibt davor oder zieht sich endlich zurück, um nicht stets Versagen vor Augen geführt zu bekommen. Ich wollte jedoch — trotz Stufen — ins Etagencafé.

Meine Begleiterin geht hinauf. Dort sitzen einige Pennäler fröhlich schwatzend an einem Tisch. Sie würden gerne auch eine Tasse Kaffee trinken, sagt sie, doch sie habe vorher noch ein Problem zu bewältigen. Eine Minute später balancieren mich vier aufgekratzte Oberschüler eine enge Wendeltreppe hoch. Ich throne, freischwebend, hoch über dem Treppenhaus, weil die jungen Leute nicht wissen, wie mit einem Rollstuhl umzugehen ist. Aber sie helfen unkompliziert, erwarten keine Dankeshymnen, finden sich auch nicht so penetrant edel-mitleidig wie sonst dergleichen Helfer. Im Café rolle ich quer durch den langen Raum, der Ober räumt vor mir die Stühle beiseite, damit ich zu meinem Parkblick komme. Er bedient wohltuend korrekt-normal.

Die positiven Erfahrungen überwiegen nicht. Das zu behaupten wäre eine Verfälschung der Wahrheit. Aber ich lasse die negativen Beispiele im weiteren heraus, um etwas anderes zu zeigen, das für den Umgang der Nichtbehinderten mit den Behinderten nützlich sein könnte. Ich habe den Versuch unternommen, verschiedene Verhaltensweisen durchzuspielen. Gab ich mich demütig-behindert, ignorierte mich die Umwelt; gab ich mich selbstbewußt, wurde ich beachtet. Als mich die Passanten zu neugierig beglotzten, steuerte ich mein Velo auf sie zu und fragte sie nach der Uhrzeit. Zuerst wirkten sie etwas verblüfft, doch dann reagierten sie normal, gaben Auskunft, unterhielten sich. Ich als der vorgeblich Behinderte gab ihnen die Chance, ihre Befangenheit abzulegen. Sie wußten nun, wie sie sich verhalten konnten. [...]

Der Behinderte hat, um überleben zu können, Demut und Dankbarkeit lernen müssen. Die Rolle des Dulders ist ihm zugewiesen, und wehe, er bricht aus. Fremder Hilfe und lieben Tanten und Onkeln ausgeliefert, haben sich die Behinderten anpassen müssen. Ihre Erziehung zwingt sie zum Stillhalten und Aushalten. Und tatsächlich: Ich habe mich aus dem Rollstuhl heben lassen, habe mich aufs Bett legen und ausziehen lassen, mußte so zusehen, wie alles mit mir geschah, wie man hilflos dem Wollen der Betreuer preisgegeben ist. Wer für jede Handreichung Hilfe benötigt, bittet so wenig wie möglich, möchte nicht zur Last fallen, wird still. Und noch eines: Wem man alles wegräumt und besorgt, der fühlt selbst keine Verantwortung mehr, weil er keine

Verantwortung trägt. Nach einem Tag »Betreuung«
wußte ich nicht mehr, wo Tonbandgerät und Geld-
börse waren, man verliert den Überblick. [...]

Sind Sie ein Gnom?

Als ich nach Hause komme, finde ich auf meinem Schreibtisch einen Zettel. Eine Fernsehproduktionsfirma habe angerufen, ob ich einen Gnom besorgen könne, ich solle rückrufen.

Mein erster Gedanke ist, da will mich jemand auf den Arm nehmen. Denn Gnome sind — laut Lexikon — unheimliche Gestalten, zwerghafte Erdgeister, »mit denen Volksglaube und Volksmärchen Wald, Berg und Wasser bevölkern«.

Ich rufe die angegebene Nummer an. Es meldet sich die Firma *Eikon*, bekannt durch Fernsehproduktion für das *ZDF* (zum Beispiel die Serie über einen geistig Behinderten: »Unser Walter«).

Irgend jemand habe bei mir angerufen, sage ich, und einen Gnom bestellt. »Das ist richtig«, meint die Dame am Telephon, »wir sind auf der Suche nach einem Gnom.« Unvermittelt fügt sie hinzu: »Sind Sie ein Gnom?«

Ich bedaure: »Ich bin kein Gnom, nein.«

»Ah, Sie sind keiner«, meint sie, »aber Sie hätten einen, oder wie?« Ich erkläre, daß ich nur weisungsgemäß zurückrufe, und werde mit einem — der Stimme nach — jungen Mann verbunden.

»Ich habe Sie angerufen«, beginnt der junge Mann, räuspert sich laut und bemerkt: »Entschuldigen Sie, ich habe gerade einen Frosch im Hals.« Nun, wer einen Gnom bestellt, kann schließlich auch mal einen Frosch im Hals haben.

»Wir machen eine Kinderfilmreihe mit dem Namen ›Anderland‹«, bekomme ich Aufklärung. »Da gibt es die Rolle eines Gnoms, und ich bin auf der Suche nach solch einem Gnom.«

Ich kann mich nicht enthalten, besserwisserisch zu behaupten: »Aber Gnome gibt es doch nur im Märchen.«

Der junge Mann räuspert sich kräftig, da immer noch der Frosch im Hals ist, und sagt sodann: »Sie haben doch irgendeinen Film mit Gnomen gemacht.«

Ich erkläre ihm, etwas unfreundlich wahrscheinlich, in diesem Film habe sich unter anderem eine kleinwüchsige Frau dagegen gewehrt, lebenslang als Liliputaner oder Märchenfigur angesehen und wegen der geringeren Körpergröße nicht ernstgenommen zu werden. »Ich fürchte«, sage ich, »Sie machen genau einen anderen Film.«

»Das ist richtig«, sagt er, fährt jedoch unbeirrt fort: »Aber die Frage ist, kennen Sie Gnome im Raum Frankfurt?«

»Entschuldigen Sie«, reagiere ich, wohl ein wenig von oben herab. »Es gibt keine Gnome. Es gibt kleinwüchsige Menschen, die als Behinderte amtlich anerkannt sind und sich wehren, ständig in die putzige Märchenwelt versetzt zu werden.«

Am anderen Ende der Leitung höre ich starkes Räuspern (der Frosch!). Es ist mir klar, daß ich wenig zum besseren Verständnis beigetragen habe. Deutlich spürbar ist der gebremste Ärger, daß ich weder selbst ein Gnom bin, noch einen Gnom aus dem Raume Frankfurt anzuliefern gedenke.

Der Traum der kleinen Menschen

»Meine Größe beträgt 1 Meter 15«, schrieb mir vor Jahren die Diplom-Psychologin Ortrun Schott. »Bei ausgestreckten Armen erreichen meine Fingerspitzen die Höhe von 1 Meter 35.« Ich kannte zu diesem Zeitpunkt kleine Menschen nur aus dem Zirkus, als Lachnummer und Pausenfüller, und wußte, daß sie sich früher als Hofnarren verdingen mußten, als Spaßmacher und Possenreißer.

Der »Pschyrembel«, das Mediziner-Standardwerk, unterscheidet zwischen Klein- und Zwergwuchs. Wer unter dem Fremdwort »Chondrodystrophie« nachschlägt, fühlt sich in Brehms Tierleben versetzt: Da gibt es nämlich den »Dackel-Typ« (wegen der kurzen Extremitäten) und den »Mops-Typ« (wegen der Sattelnase). Das Klinische Wörterbuch führt Kleinwüchsige sozusagen im Abnormitäten-Kabinett.

Der Volksmund spricht dagegen von Liliputanern, ohne zu wissen, daß »Liliputaner« daumengroße Fabelwesen aus Jonathan Swifts satirischen »Gullivers Reisen« sind. Der Pfälzer Holiday-Park, eine provinzielle Disneyland-Kopie nahe Haßloch, nährt die Illusion, die kleinen Leute seien eine besondere Kategorie Mensch in einer eigenen Welt: Zehntausende Normalwüchsige lustwandeln da jährlich durch eine Liliput-Stadt, kaufen Andenken im Liliput-Shop, lassen die Kinder mit dem Liliput-Expreß fahren und sich in einem Liliput-Museum vorgaukeln, es gäbe eine Historie der »Liliputaner«.

Im Haßlocher Holiday-Park werden in niedlichen Häuschen und inmitten eines Puppenstuben-Inventars kleine Menschen als »Liliputaner« zur Schau gestellt. Es gibt sogar eine eigene Bürgermeisterin, die in einer kleinen Broschüre den Besuchern Aufklärung verspricht: »Wie mag es zugehen im ›Reiche Liliput‹, wie lebt, wie liebt dieses muntere und intelligente Völkchen? Was sind eigentlich Liliputaner?«

In ihrer Antwort steckt eine Distanzierung von den »Zwergen«: Liliputaner seien »keine bedauernswerten Menschen oder solche, die als Mißgeburten angesehen werden können. Unsere Liliputaner gehören nicht zu dieser Zwergenart. Ihr winziger Wuchs ist vielmehr auf einen abartigen (also nicht krankhaften) Drüsenhaushalt zurückzuführen«.

Ich weiß noch, wie Ortrun Schott zu mir kam. Ich stand oben am Treppenabsatz. Sie kam die Treppe heraufgeklettert, die hohen Stufen bildeten wahre Hindernisse. Am Arm trug sie eine Einkaufstasche, wie sie für Normalgewachsene angefertigt werden. Die Tasche schleifte am Boden und verdeckte die Frau zur Hälfte. Mit meiner Körpergröße von 1 Meter 88 stand ich über ihr wie ein Riese. Ich war verlegen und fühlte mich unwohl.

Ortrun Schott ist 1929 geboren. Ihr Vater war Professor für Orientalistik. Von sechs Kindern wurden drei normal groß, drei blieben kleinwüchsig. Heute arbeitet Ortrun Schott im Diakoniewerk in Düsseldorf-Kaiserswerth als Psychologin.

Doch das sind die äußeren Daten. Die eigentliche Biographie steht stellvertretend für all jene, die sich wehren, als Zwerge oder Liliputaner zu Märchenfiguren degradiert zu werden: Im Kindergarten steckte man sie in die Gruppen der jüngeren Kinder. Der Schulweg später gestaltete sich zur Angstpartie. Da wurde sie als Mißgeburt verlacht, verspottet, bespuckt, mit Steinen beworfen. Noch heute zeigen Erwachsene mit Fingern auf sie, lachen schallend, einem lebenden Gartenzwerg den Weg zu kreuzen.

Stumme Verlegenheit löste sie zu Hause aus, als sie beim Mittagessen in die Runde fragte: »Warum bin ich eigentlich so klein?« Mit dreizehn spielte sie abends vorm Einschlafen mit ihrer Schwester ein Spiel. Sie malten sich die Zukunft aus: Heirat, fünf Kinder. Die Phantasie-Kinder bekamen Namen und Charaktere. Doch eines Abends war ihr klar: »Ich werde nicht heiraten!« Aber sie spielte das Spiel weiter, wollte der Schwester den Spaß nicht verderben.

Der Rest war Verzicht. Sie mußte erkennen, daß kein Mann eine Frau von 1 Meter 15 lieben will. Sie studierte ihre Rollenvorlage: las Grimms Märchen, ob denn wirklich alle »Zwerge« böse sind. Sie griff zu Büchern, die Leid und Leiden christlich verklären (Bernanos, le Fort) und glaubte fortan, daß ihr als Sinn des Lebens das Leiden auferlegt sei.

Ortrun Schott hat sich zusammen mit anderen kleinen Menschen organisiert. Ich begleitete sie zu einer Jahreshauptversammlung der »Vereinigung Kleiner Menschen e. V.«. Doch von den 20 000 oder vielleicht 50 000 Kleinwüchsigen (niemand kennt die genaue Zahl) haben nur 200 zur Vereinigung gefunden. Über mangelndes journalistisches Interesse können sie nicht klagen, nur was kommt dabei heraus, wenn zum zigsten Male der Photoreporter die »Kleinen« um den längsten Kellner oder Barkeeper gruppiert?

Der Pressesprecher beteuert, bei ihnen gäbe es keine Zirkusclowns. Die Mitglieder seien Verwaltungsbeamte, Angestellte, Verkäufer, Physiker, auch »ein Doktor vom Max-Planck-Institut« sei dabei. Die Absicht ist klar: Sie wollen weg vom Image der Possenreißer, raus aus dem Liliputaner-Zirkus. Sie haben es geschafft, daß Bonn den Ausdruck »Zwergwuchs« aus dem amtlichen Sprachgebrauch gestrichen hat und daß sie bis zu einer Größe von 140 Zentimetern als Schwerbehinderte anerkannt sind (Kleinwuchs ist eine Wachstumsstörung). Doch die Leute auf der Straße reißen weiter Witze über sie und finden sie allenfalls possierlich.

Die Jahrestreffen dienen in erster Linie der Geselligkeit und der Partnersuche. Meist trifft man sich eine Woche lang in einem Hotel. »Zum Schluß haben wir dann den großen Abschlußball«, erläutert der Pressesprecher. »Das ist für alle Kleinen, besonders für die kleinen Damen, das gesellschaftliche Ereignis im Jahr, wo sie endlich mal ihr langes Abendkleid ausführen können.«

Einmal im Jahr wollen sie unter sich sein, ohne spöttische Blicke und Fragen (»Essen die auch kleine Portionen?«). Als ich das erste Mal auf dem Jahrestreffen war, forderte mich eine kleine Frau zum Tanzen auf. Ich lehnte befangen ab. Verständnisvoller Kommentar eines Mannes: »Jetzt siehst du, wie es uns immer ergeht.« Beim nächsten Treffen forderte mich wieder eine Frau auf. Sie sagte: »Wenn du dich schämst, können wir hinten tanzen.« Solange sie unter sich feiern, muß sich jeder größer Gewachsene wie ein Eindringling fühlen.

Ortrun Schott ist in diesem Kreis eine Außenseiterin. Sie hat sich zur Aufgabe gemacht, ihre Umwelt aufzuklären, wie sich ein Mensch fühlt, der allen zum Gespött dient. Jahrelang bearbeitete sie Zeitungsredakteure und Rundfunkintendanten, um sich über die Darstellung Kleinwüchsiger in den Medien zu beschweren (»Wir werden nur als Gag, als ulkige Nummer benutzt«).

Das hat ihr den Vorwurf vieler Mitglieder eingetragen, sie problematisiere zu viel. Und seit bekannt ist, daß sie Hauptfigur eines Fernsehfilmes ist, dürfte natürlicherweise auch Neid hinzukommen. Denn die, die mit gesellschaftlicher Anerkennung nicht gerade verwöhnt sind, sehen scheel auf jene, die zumindest auf dem Bildschirm Anerkennung erfährt.

Ortrun Schott, auf der Suche nach ihrer Identität, will nicht länger verdrängen, will nicht länger leiden, will ihrer Umwelt mitteilen, warum sich viele Kleinwüchsige nur nachts auf die Straße trauen. Sie hat den Tod ihres Bruders Erhard zu verkraften: Der kämpfte gegen die Verachtung seiner Umwelt, zerbrach daran, nahm sich das Leben (zu einem Zeitpunkt, als er an seiner Doktorarbeit, Fach Psychologie, saß).

An Hand der Tagebuchaufzeichnungen (»Tagebuch eines Häßlichen«) ist sein Scheitern zu verfolgen. Schon früh hat ihm ein Mädchen aus der Nachbarschaft die Augen geöffnet: »Du hast wohl Angst, daß du keine Frau bekommst.« Schon früh die Eintragung: »Ich bin ein verkannter, trauriger Clown, Toulouse-Lautrec II. Weshalb leb' ich eigentlich?« Seine Tagebücher sind voller Aggressionen, im Leben »zu kurz« zu kommen, nicht nach der menschlichen, sondern ausschließlich nach der leiblichen Größe eingestuft zu werden.

Da gibt es Stellen, in denen er Gott als erbärmlich beschimpft, um von diesem fernen Gott Erbarmen zu erfahren. Da sind die Hoffnungen, die Studentenbewegung, zu der er gehörte, werde Gerechtigkeit bringen — und das heißt immer auch: Menschlichkeit, persönliche Liebe.

Der Traum der kleinen Menschen ist der normalgroße Partner. Auch Erhard Schott hat in sein Tagebuch notiert, wenn er schon keine normalgroße Partnerin bekomme, dann nähme er halt — als zweite Wahl — auch ein behindertes Mädchen. Und wenn es schon ein minderwüchsiger Partner ist, so behaupten kleinwüchsige Kritiker der »Vereinigung Kleiner Menschen e. V.«, dann wird darauf geachtet, daß der Mann die Frau doch wenigstens um zwei Zentimeter überragt. Minderwuchs und Minderwertigkeitsgefühle sind Geschwister. Es fällt schwer, sich ernst zu nehmen, wenn man nicht ernstgenommen wird.

Sie haben es wirklich nicht leicht, anerkannt zu werden. Viele Mitglieder der Vereinigung fühlen sich ausgeschlossen und kompensieren dies in der Darstellung eines fröhlichen Völkchens, das sich einmal im Jahr munter zu Abschlußball und kaltem Buffet oder einer Mondscheinfahrt auf dem Wannsee zusammenfindet. Doch mit Feiern im geselligen Klein-

wüchsigen-Getto, mit viel Verdrängungshumba-
humbatätärä, werden sie kaum erreichen, daß sich
ihre Umgebung normal verhält. In diesem alljähr-
lichen Verdrängungsspiel müssen sie es als Verrat
empfinden, daß eine der ihren es wagt, von ihrer Verzweiflung zu berichten, darüber, daß keiner sie begehrt, daß sie statt Liebe Spott erntet und statt Anerkennung Mitleid.

Der Blinde und der Polizist

Eines Tages fährt ein junger Polizist mit seinem Privatwagen. Er hat dienstfrei, will einen Bekannten besuchen. Die Straßen sind dicht befahren. Er konzentriert sich auf den Verkehr, so daß er den Mann am Straßenrand spät bemerkt. Da steht ein Mensch mit einem weißen Stock, der durch das Heben seines Stocks mitteilen will, daß er über die Straße möchte. Gewiß, eine unpassende Stelle, die sich der Blinde da zum Überqueren der Fahrbahn ausgesucht hat, und entsprechend ist auch die Reaktion der Autofahrer: Sie fahren weiter.

Der junge Polizist hat Zeit. Er stoppt seinen Wagen am Straßenrand. Er tut zunächst nichts, sieht einfach zu, so wie man einem Schauspiel zusieht. Und in der Tat: Dem Neugierigen wird einiges geboten. Denn unaufhaltsam passieren den Blinden Personen- und Lastkraftwagen, deren Fahrer den am Straßenrand mit seinem Blindenstock Gestikulierenden kaum wahrnehmen.

Sehr lange hält der junge Polizist das Zusehen nicht aus. Er rutscht auf den Beifahrersitz, steigt aus, geht zu dem Mann mit dem weißen Stock und spricht ihn an. »Gestatten Sie«, sagt er dem Blinden, »daß ich Ihnen helfe.«

»Das wäre sehr freundlich von Ihnen«, antwortet der Blinde, »denn ich stehe hier schon einige Zeit, und Fußgänger kommen scheint's keine vorbei, die ich ansprechen könnte.«

An dieser Stelle könnte die Geschichte eigentlich beendet sein, doch in Wahrheit beginnt sie erst. Denn der junge Polizist versucht nun, da weit und breit keine Fußgängerampel ist, den Blinden über die Straße zu bringen. Vergeblich sind seine Versuche, die Autos zum Stehen zu bringen. Zunehmend packen ihn Diensteifer und Hitzköpfigkeit.

»Das wollen wir doch mal sehen«, sagt er dem Blinden, »ob wir nicht über die Straße kommen.« Sagt's, geht zu seinem Wagen, steigt wieder ein, läßt den Motor an, kommt langsam aus der Parklücke. Da die Verkehrsteilnehmer annehmen, daß da einer lediglich versucht, vom Parkplatz in den fließenden Verkehr zu kommen, hält ein Auto auch freundlicherweise, um den jungen Mann herauszulassen. Doch was tut dieser? Er fährt aus seiner Parklücke, läßt jedoch seinen Wagen einfach auf der Fahrspur stehen, und zwar so, daß er die zweite Spur auch noch zur Hälfte blockiert, steigt aus, packt den Blinden leicht am Arm und bugsiert ihn durch die nun zwangsweise haltenden Autos auf die Fahrbahn.

Wütendes Gehupe, Schimpfkanonaden und Drohungen von seiten der gestoppten Autofahrer sind die Antwort. Der junge Polizist, ohnedies schon gereizt durch die Intoleranz der Verkehrsteilnehmer, die den Blinden da einfach am Straßenrand stehen lassen, reagiert auf seine Weise: aufreizend langsam führt er den Blinden über die Straße, so etwa nach dem Motto, »Euch werd' ich's schon zeigen«.

Damit nicht genug. Der junge Polizist, gewiß, einer gerechten Sache zu dienen, und bestrebt, es diesen hupenden, schimpfenden Mitmenschen einmal zu zeigen, tut etwas für alle Unfaßliches: Kaum ist er mit dem blinden Mann auf der richtigen Straßenseite angekommen, geht er mit ihm noch einmal zurück, um dann erneut kehrtzumachen, so daß der Blinde nach dreimaligem Überqueren der Straße also endlich auf der von ihm gewünschten Seite angekommen ist.

Inzwischen sind jedoch zwei Polizeibeamte am Tatort eingetroffen, von den verärgerten Autofahrern herbeigerufen oder durch den Verkehrsstau einfach herbeigelockt. Sie nehmen die Personalien auf, und der junge Polizist, der einem Blinden über die Straße helfen wollte und schließlich zu einer privaten Demonstration verführt wurde, bekommt eine Anzeige, weil er den Verkehr behinderte.

Übrigens: Der junge Polizist, der für einen Behinderten den Verkehr behinderte, fand schließlich in der zweiten Instanz einen verständnisvollen Richter. Er vermochte den Zorn des hilfsbereiten Polizisten zu verstehen und ließ ihn ohne Strafe ziehen.

Im Café steht man nicht

Der Anfang war ganz unverfänglich. Ich wollte mich mit einem Behinderten treffen.

Ich ging mit einer Begleiterin zum vereinbarten Treffpunkt. Wir wollten zu dritt etwas besprechen, eine Veranstaltung vorbereiten.

Er stand da, an zwei Krücken, eine Aktentasche umgehängt. Wir sagten »Guten Tag« und was man so sagt. Ich fragte, wo wir in Ruhe miteinander reden könnten. Meine Begleiterin schlug ein Café vor, das etwa 100 Meter weiter weg lag. Wir gingen los, er humpelte hinterdrein. Ich ging vor, öffnete die Tür.

Meine Begleiterin und ich setzten uns. Der Behinderte blieb stehen. Ich sah ihn an. Er blieb stehen. Mir wurde ganz komisch. Ich sah ihn wieder an. Er blieb, auf seine Krücken gestützt, stehen, balancierte die Aktentasche, die er um den Hals getragen hatte, mühsam über seinen Kopf, legte sie auf den Tisch, kramte Papiere heraus, begann zu reden. »Willst du dich nicht setzen?« fragte ich ihn.

Sein Übel war jedoch, daß er sich nicht setzen konnte. Er hatte eine versteifte Wirbelsäule. Er mußte also stehenbleiben und redete fortan von oben auf uns herab. Die Leute guckten. Nein, sie guckten nicht, sie gafften, sie fielen mit ihren Blicken über unseren Tisch. Sie hörten auf, ihren Kuchen zu essen, rührten mit ihrem Löffel in ihrer Kaffeetasse und starrten unverwandt auf unsere Runde. Denn bekanntlich sitzt man eben in einem Café und steht nicht vor seiner Kaffeetasse. Die Gespräche hörten auf. Denn es gab ja was zu gucken. Und wenn sie nach langem stummen Anstarren wieder im Kaffee zu rühren begannen, zu reden begannen, dann merkte man ganz deutlich, daß wir ihr Gesprächsthema geworden waren, daß wir die Aufmerksamkeit aller Tische genossen, daß, wo man hinschaute, alle Tische zu uns herüberschauten, Vorwurf im Blick, in einem Café steht man doch nicht, warum setzt sich dieser Mensch nicht endlich auf seinen Stuhl.

Ich muß zu meiner Schande gestehen, ich verhielt mich nicht sehr viel anders als die gafflustigen Caféhausbesucher. Auch ich dachte, warum kann er sich nicht setzen, das muß doch möglich sein, das ist doch nicht normal. Ich fühlte mich unbehaglich, ich sah zu ihm auf, wenn er zu mir herunterredete, und ließ ab und zu meinen Blick im Café kreisen, um immer wieder in diese gaffenden Gesichter zu starren.

Es gehört offensichtlich nicht viel dazu, aufzufallen. Es langt schon, einfach in einem Café vor seiner Kaffeetasse stehenzubleiben. Es dauerte weit über eine Stunde, daß wir zusammen redeten, aber die Aufmerksamkeit der Leute löste sich nicht, und mein Unbehagen löste sich auch nicht.

Wir sind eingefahren auf das, was wir normal nennen. So als gäbe es einen genormten Menschen, das statistische Mittelmaß. Und wehe, einer entspricht diesem Mittelmaß nicht, dann hat er nichts zu lachen, dann wird es ernst, dann zeigen wir ihm, was es heißt, anders zu sein. Auf unser Beispiel bezogen: Dann lassen wir ihn spüren, was es heißt, in einem Café, wo man doch sitzt, einfach stehenzubleiben.

Das gestohlene Leben

Sechs Jahre alt war Brigitte, als sie im Paulusstift in Neuötting aufgenommen wurde, einer Einrichtung für geistig Behinderte. 39 Jahre blieb sie bei den Schwestern vom heiligen Paulus. Es waren 39 Jahre ohne Schulbesuch, ohne Förderung und ohne Lohn. Brigitte wurde als Arbeitskraft ausgenutzt, bis ein Sozialarbeiter von ihr hörte und sie herausholte.

Danach ermittelte die Staatsanwaltschaft Traunstein.

Als erste wurde Brigitte vernommen. Einem Staatsanwalt schilderte sie ihr Leben in Neuötting: Um 5.20 Uhr hat sie aufstehen müssen. Dann ging es in die Küche. Danach wurden Strümpfe gewaschen, wurde gebetet, gefrühstückt, gebetet, zu Mittag gegessen, gebetet. Nach Abendessen und letztem Gebet ging es ins Bett. Blusen, Röcke und Unterwäsche blieben in einem Schrank im Aufenthaltsraum weggesperrt. Alle vierzehn Tage war Badetag, alle vier Wochen durfte der Kopf gewaschen werden.

Taschengeld hat Brigitte anfangs wohl kaum und später nur spärlich bekommen. Die achtzigjährige und mittlerweile abgelöste Stationsschwester meinte offenbar, Brigitte kaufe sich doch nichts Gescheites, nur Karten, Briefmarken und Freßzeug, auch Kaffee. Nur 120 Mark Taschengeld standen der 46jährigen Heiminsassin zuletzt zu, doch selbst davon hat sie wenig gesehen. Es wurde unregelmäßig ausgezahlt und nie quittiert.

Die Ordensfrauen dürften sich bei diesen Unregelmäßigkeiten nichts gedacht haben, denn sie selbst bekommen überhaupt kein Taschengeld. Wenn sie einen Wunsch haben, müssen sie bis heute die Oberin bitten. Die Ordensfrauen dürften auch ein gutes Gewissen gehabt haben, daß sie die Heiminsassen animierten, vom kargen Taschengeld für kleine Negerlein in Afrika zu spenden, schließlich hat der Orden eine Mission in Südafrika. 21 Mark kostete die Taufgabe für ein »Heidenkind«. Dafür gab es dann ein Bild vom schwarzen Missionskind.

Die Staatsanwaltschaft hat die Ordensfrau befragt, die in Neuötting die Buchhaltung macht. Diese erklärte, Brigittes Taschengeld sei auf einen Gesamtbetrag von 1640 Mark »aufgelaufen«, das Geld sei inzwischen auch überwiesen worden. Der Betrag entspricht dem Taschengeld für etwas mehr als ein Jahr. Doch wo ist das andere Geld geblieben? Das Heim hat nämlich dem Kostenträger für Brigitte, dem Bezirk Oberbayern, zwischen 1968 und 1988 rund 18 000 Mark Taschengeld in Rechnung gestellt.

Sollte das Geld für Kleidung verwendet worden sein? Ein Sachverständiger für Textilien hat Brigittes Kleidungsstücke, vom Schlüpfer bis zum Dirndlkleid, nach Einstands- und Zeitwert begutachtet. Das Ergebnis: Brigitte bekam nur Kleidung minderer Qualität. Der Gutachter taxierte den Zeitwert sämtlicher Kleidungsstücke. Sein Urteil: »Da die Ware sehr alt und qualitativ im untersten Bereich anzusetzen ist, muß der Zeitwert des gesamten Sortiments mit 0 DM festgesetzt werden.«

Das Ermittlungsverfahren ist eingestellt worden. Wieviel Taschengeld Brigitte in all den Jahren erhielt und wie es ausgegeben wurde, konnte nicht geklärt werden. Daß Brigitte überhaupt keine schulische Förderung erhielt, ist strafrechtlich längst verjährt. Daß sie auch sonst nicht gefördert wurde, sei keiner böswilligen Gesinnung anzulasten, sondern Folge der religiösen Heimführung. Brigitte sei auch nicht gequält oder roh mißhandelt worden. Dabei müsse es sich um erhebliche Eingriffe handeln, wie z. B. Verängstigung durch länger dauerndes Einsperren in einen dunklen Keller ... Das lag hier nicht vor.«

Einem Kind wurde das Leben gestohlen. Das ist nicht strafbar.

Das Heilungswunder von Limburg

Jesus aus Nazareth heilte Gelähmte und Besessene.
Im Bistum Limburg geht man einen anderen Weg:
dort sollen, zumindest arbeitsrechtlich, bis dahin
Nichtbehinderte in Behinderte verwandelt werden.

Der Anlaß ist profan: Nach dem Schwerbehinder-
tengesetz müssen alle Arbeitgeber auf sechs Prozent
der Arbeitsplätze Schwerbehinderte beschäftigen. Für
jeden unbesetzten Platz ist eine Ausgleichsabgabe
von monatlich 200 DM zu zahlen. Dies gilt auch für
das Bischöfliche Ordinariat in Limburg, das sich allerdings, weil in der Kirche nicht gearbeitet, sondern
gedient wird, selbst als »Dienstgeber« und die Ange-
stellten als »Dienstnehmer« bezeichnet.

Die Kirche wird zwar nicht müde, für Behinderte
die Sammelbüchse zu schwenken, erfüllt aber selbst
die Beschäftigungspflicht nicht. Dabei hat Papst Johannes Paul II. vor Jahren Behinderten anläßlich einer
Audienz verkündet: »Eure Gegenwart ist uns besonders wertvoll, da ihr durch das Kreuz eures Leidens in
einer besonderen Weise mit Christus verbunden seid.«
Behinderung und Krankheit werden in der kirchlichen
Tröstung zwar als Quelle der Läuterung und Stärkung
des inneren Menschen gepriesen, doch eine Leidens-
ist eben noch keine Arbeitsgemeinschaft.

Eine Überlegung wäre ja, Behinderte einzustellen.
Doch die Limburger Lösung sieht halt anders aus:

»Wir glauben«, heißt es in einem Rundbrief an die Dienstnehmer des Bistums, »daß es im Bischöflichen Ordinariat und in den angeschlossenen Einrichtungen Mitarbeiterinnen und Mitarbeiter gibt, die die Anforderungen des Schwerbehindertengesetzes an eine Behinderung erfüllen, aber bis heute noch keinen Antrag auf Anerkennung der Behinderung ... gestellt haben.« Deshalb werden die Mitarbeiter gebeten, »sich zu überlegen, ob bei Ihnen die Voraussetzungen der Anerkennung einer Behinderung vorliegen.«

Möglichen Kandidaten führt die Kirchenverwaltung die Wohltaten des Schwerbehindertengesetzes (u. a. Steuerersparnis, zusätzlicher Urlaub) vor Augen, Verzagten wird der Rücken gestärkt: »Wir möchten die Betroffenen trotz eventueller innerer Widerstände ermutigen, ihr Behindertsein mitzuteilen.« Der Laie fragt sich allerdings, welche Gründe die Limburger Dienstnehmer bisher bewogen haben könnten, solche Vergünstigungen auszuschlagen.

»Es würde unserem Anliegen entsprechen«, schreibt das Ordinariat über die Limburger Behinderten-Vermehrung, »wenn, ausgelöst durch dieses Schreiben, die bisher unbesetzten Pflichtplätze für Schwerbehinderte auch im Bischöflichen Ordinariat Limburg ... besetzt werden könnten.« Einen guten Zweck verrät die Kirchenverwaltung am Ende auch noch: Ließe sich die Zahl der Behinderten sozusagen per Rundbrief auf Plansoll erhöhen, könnte die Kirchenverwaltung die »Tatsache der Beschäftigung von Schwerbehinderten ... auch gegenüber der Öffentlichkeit transparenter machen.«

Nun liegt es an den Mitarbeitern des Bistums, sich zu besinnen, wie behindert sie sind. Sie verhülfen dem Bistum zu einem Wunder ganz eigener Art: Ohne einen Schwerbehinderten neu einzustellen, könnte das Ordinariat plötzlich die Behindertenquote erfüllen. Wahrlich, nicht nur im Limburg gilt der Satz, daß es allemal leichter ist, für Behinderte zu sammeln als mit ihnen zu arbeiten. Wie sagt doch der Evangelist Matthäus: »An der Frucht erkennt man den Baum.«

In ihren Gesichtern ist Resignation eingegraben

In diesen Tagen bekam ich den Bericht einer Schwesternschülerin. Sie hatte ein Praktikum in einem großen Altenheim absolviert, in der gerontopsychiatrischen Abteilung, also einer Station für altersverwirrte Menschen.

Dem Praktikumsbericht ist zu entnehmen, wie der Tag im Altenheim abläuft. Danach dürfen die Bewohner auch an ihrem Lebensabend immer noch nicht ausschlafen: um 6.15 Uhr wird geweckt, um 8 Uhr gibt es gemeinsames Frühstück, zwischen 8.45 Uhr und 9.15 Uhr frühstückt das Personal. Danach ist der »Toilettengang« der Bewohner angesetzt. Um 11.30 Uhr folgt das gemeinsame Mittagessen, um 14 Uhr gemeinsames Kaffeetrinken. Anschließend steht wieder »Toilettengang« auf dem Tagesablauf. Zwischen 17.30 Uhr und 18 Uhr gibt es das gemeinsame Abendbrot, anschließend werden die Alten für die Nacht versorgt und die Kleidungsstücke in abschließbaren Schränken deponiert.

Mit zarter Kritik hat die Schwesternschülerin in ihrem Praktikumsbericht festgehalten: »Ich erlebte, wie Bewohner ihr volles Schamgefühl zeigten, wenn sie mit anderen zusammen in einem Raum auf der Toilette saßen.«

Heime regeln das Leben nach dem Anstaltsablauf. Die Einrichtung steht im übrigen, dies ist kein Witz, auf einer Anhöhe mit dem Namen Altenberg.

In dem Buch »Franz Arndt, der Krüppelpfarrer von Volmarstein«, 1928 im Westdeutschen Lutherverlag erschienen, steht zu lesen, es sei schwierig gewesen, das Krüppelheim oben auf dem Berg zu bauen. Dennoch habe Arndt es nie bereut, »den armen Krüppeln, denen ohnehin so manches Schöne unerreichbar ist, den Ausblick von der Höhe in die herrliche Landschaft ermöglicht zu haben«. Schöne Lage im Abseits statt Perspektiven zum Leben, diese Anstaltsphilosophie gibt es noch heute.

Jahrzehnte der Bevormundung haben zu einer Selbstzensur der eigenen Bedürfnisse geführt. In der Zeitschrift »Die Stütze«, die sich im Untertitel »Journal von Behinderten für Behinderte und ihre Freunde« nennt, verwahrte sich 1991 eine Behinderte aus der Ex-DDR gegen Kritik an Heimen.

Sie lebt in Pirna in einem Senioren- und Pflegeheim, wo 540 Alte und Gebrechliche konzentriert sind. Stolz berichtete sie, daß sie sich im Keller »ein Eckchen« für ihre Nähmaschine erobert hat und eine von 14 Etagenvertretern ist.

Ruth Schajanek hat eine Selbsthilfegruppe »Behinderte im Seniorenheim« gegründet. Es stört sie nicht, daß Behinderte nicht ins Altersheim gehören: »Ich kann mit dem Aufzug jede Etage erreichen und auch jederzeit rausfahren ... Einen Haustürschlüssel kann ich mir borgen.« Sie ist im Getto glücklich: »Wer kontaktfreudig ist«, sagt sie, »findet unter 500 Heimbewohnern bestimmt Freunde.«

An einem Abend im Winter war ich in einer idyllischen Kreisstadt zum Vortrag eingeladen. Es waren viele Bewohner eines Heimes gekommen, und ich sah in ihren Gesichtern Resignation eingegraben: die Folge von Bevormundung und Regulierung des gesamten Lebens. Die Heimbewohner mußten jeden Tag um 19 Uhr ins Bett, eine Stunde, bevor die »Tagesschau« die Weltnachrichten ins Haus liefert. Nur einmal die Woche dürfen sie länger aufbleiben.

Um acht Uhr ist die Veranstaltung zu Ende. Ein Bus fährt vor, der die Heimbewohner wieder einsammelt und zurückbringt. Anschließend sitze ich mit anderen Besuchern noch in einer Kneipe. Mit dabei ist auch eine junge Rollstuhlfahrerin, die im Heim lebt, aber heute über den Zapfen haut. Zum ersten Mal leistet sie auf diese Weise Widerstand. Sie bleibt, will sich nicht vom Leben ausschließen lassen, will nicht ins Bett, wenn andere noch fröhlich miteinander sind. Erst um 23 Uhr bricht die junge Frau mit ihrem Rollstuhl auf. Eine halbe Stunde dauert der Weg durch die Nacht. Und wenn sie angekommen ist, riskiert sie, daß sie nicht reingelassen oder vom Pflegepersonal nicht versorgt wird. Aber einmal in all den langen Jahren will sie Widerstand leisten.

Ich weiß natürlich, daß es auch bessere Einrichtungen gibt als dieses Heim in der Kreisstadt. Aber immer noch übernehmen viel zu viele die unausgesprochene Aufgabe, Alte und Behinderte aus dem Verkehr zu ziehen. Ausgesonderte abzusondern. Die junge Frau, von der hier die Rede war, hat die Lust am eigenen Handeln entdeckt und ihren Stolz zurückgewonnen. Widerstand gegen die Bevormunder ist der Anfang jeder Entwicklung.

So ein liebenswertes Kind

Postdirektor Wilhelm Egger arbeitet beim Fernmelde-
technischen Zentralamt in Darmstadt. Er ist Diplomingenieur und Referatsleiter für Arbeitssicherheit.
1981, anläßlich des Jahres für Behinderte, bekam er
den Auftrag, ein Fernsprechhäuschen für Rollstuhlfahrer zu entwickeln. 1984 wurden die ersten 600
Exemplare beschafft.

Zu diesem Zeitpunkt hatte sich das Leben des
Postdirektors grundlegend verändert. Das zweite
Kind, Angelika, war geboren. Und es war behindert.
Der Vater: »Bemühen um die Belange Behinderter,
Fürsorge, Hilfen, Integration — das spricht und
schreibt sich immer so einfach in dem (Un-)Bewußt-
sein, daß es einen nicht selbst trifft. Da hatte es uns —
als Eltern — doch getroffen, und dann sieht die Welt
ganz anders aus ...«

Wilhelm Egger und seine Frau Angelika haben
mich nach Dieburg, nahe Darmstadt, eingeladen. Sie
bewohnen dort ein Reihenhaus am Rande der Kreisstadt: Terrasse, ein Garten, sommers umsäumt von
Blumen und Küchenkräutern, eine Kinderschaukel
steht in der Mitte des Rasens. Stufenlos ist das Haus
nur vom Garten aus zu erreichen. Im Hausinnern hat
der Architekt mit Treppenstufen gespielt. Er dachte
nicht daran, daß hier einmal ein Kind aufwachsen
könnte, das einen Rollstuhl braucht.

Die Mutter erzählt von der Entbindung. Ein Kaiserschnitt war nötig. Als sie aus der Narkose erwachte, sah sie in besorgte Gesichter. Man hat ihr das Kind auf die Brust gelegt, und der Arzt erklärte ihr, das Neugeborene habe »spina bifida«. Ein Fremdwort, das ihr nichts sagte. Sie empfand nur, daß sie erst einmal vor der ganzen Wahrheit geschützt werden sollte.

Zwanzig Minuten durfte die Mutter das kleine Lebewesen behalten. Dann kam es weg, ins Krankenhaus in der Großstadt. Die Ärzte dort gaben sich schweigsam, sagten dem Vater nur, es gehe seiner Tochter schlecht. Wenn es nicht operiert werde, sterbe es. Egger: »Ich hatte den Eindruck, die wollten nur die Einwilligung zur Operation. Keiner sagte Genaueres. Es gab keine Aufklärung. Nach den Informationen, die ich bekam, konnte ich gar nicht entscheiden, ob es sinnvoll war, unser Kind operieren zu lassen oder nicht.« Es wurde operiert.

Die Gedanken des Vaters in den ersten Stunden waren ganz praktisch, wie er es von seinem Beruf her gewohnt ist: »Ich fragte mich, erstens, wie geht es weiter? Und ich sagte mir, zweitens: wir müssen uns sehr anstrengen, daß es weitergehen wird. Aber alles ist zu lösen.« Der Ingenieur heute: »Am Anfang war das gar nicht so bedrohlich. Die Schwierigkeiten wurden mir erst später bewußt.«

Wieder im Dienst, hat sich der Referatsleiter einen Leitfaden für Behinderte aus der Schublade genommen, den er für die Planung des Fernsprechhäuschens für Rollstuhlfahrer als Informationsquelle benutzte. Da hat er unter »spina bifida« nachgeschlagen. »Spina bifida« (»zweigeteilte Wirbelsäule«), das bedeutet: Bei der Entwicklung im Mutterleib hat sich die Wirbelsäule nicht voll ausgebildet. Beim Neugeborenen ist an dieser Stelle dann entweder ein Spalt oder eine nach außen gestülpte Blase mit Gehirn-Rückenmarksflüssigkeit. Das Rückenmark ist an dieser Stelle verkümmert oder unterbunden. Die Folge: eine teilweise oder vollkommene Querschnittlähmung.

Damit nicht genug: in neunzig Prozent aller Fälle haben die Kinder einen Hydrocephalus (»Wasserkopf«). Eine Störung der Gehirnwasserzirkulation: das Gehirnwasser sammelt sich übermäßig, der Druck im Schädelinnern steigt, quetscht das Gehirn gegen die Schädelkapsel, die bei Kleinkindern nachgibt, wodurch früher die unförmig großen »Wasserköpfe« entstanden. Heute wird operiert, damit das Wasser über ein Ventilsystem (und mittels eines Schlauches) in die Blutbahn abgeleitet werden kann.

Die Komplikationen liegen auf der Hand: Das Ventil ist ein technisches Gerät wie jedes andere. Der Diplomingenieur: »Sie wissen ja, wie Eisschrank oder Fernseher geht es gerade dann kaputt, wenn am Wochenende niemand greifbar ist.« Die Eltern leben bis heute in steter Alarmbereitschaft: »Wir stehen morgens auf und wissen nicht, was abends ist. Wir haben immer eine Krankenakte mit den wichtigsten Daten dabei, falls wir dringend eine Klinik aufsuchen müssen.«

Noch heute empört sich der Vater, wenn er an jenen Professor denkt, der ihn seinerzeit zu »trösten« suchte, er sei ja noch jung, könne noch genug gesunde Kinder bekommen. Seine Tochter sei dagegen stark infektionsanfällig. Solche Kinder stürben leicht. Früher, »beim Adolf«, habe man diese Kinder ohnedies nicht operieren dürfen. Egger: »Es war niederschmetternd. Der Hinweis auf Hitler hieß doch: Wir haben operiert, weil wir's können, aber macht euch keine Hoffnung.«

Der Vater hat in der Klinik zwar erfahren, wie man im Dritten Reich mit solchen Kindern verfuhr. Einen Hinweis auf notwendige Vorsorgeuntersuchungen, einen Hinweis, auf was Eltern bei ihrem Kind achten müssen (»Kopfumfangskurve«) und daß es Einrichtungen gibt, die sich speziell der Behandlung dieser Kinder widmen, das alles hat man ihm nicht gesagt. Wilhelm Egger über den mangelnden Beistand:

»Viele Therapieformen, Arten der Pflege, Kniffe, Hilfsmittel mußten wir uns selbst erarbeiten, haben wir selbst gebastelt, da auf dem Markt der orthopädischen Versorgung querschnittgelähmte Kinder nicht existieren. Man ist alleingelassen, wenn man nicht zu Eltern Kontakt findet, die Gleiches erleben.«

Viele Eltern haben sich in einer »Arbeitsgemeinschaft Spina bifida und Hydrocephalus« organisiert. Wilhelm Egger ist jedoch von keinem Arzt darauf hingewiesen worden. Er stieß auf die Adresse, weil er zufällig mit der Planung des Fernsprechhäuschen, beauftragt war und deshalb Informationsmaterial im Schreibtisch hatte.

Der Postdirektor kann als Verwaltungsmann mit Ämtern und Behörden umgehen. Dennoch kann einen der ständige Kampf mit unwissenden oder unwilligen »Sach«bearbeitern bitter machen. Sie streben nicht nach der besten Förderung des kleinen Lebewesens. Nein, sie suchen oft Leistungen zu verhindern: sei es, um Kosten zu sparen, sei es, weil sie einfach abgestumpft sind.

Unser Gespräch endet, als die Kinder kommen. Zuerst taucht Alexander auf, der fünfjährige Bruder, dem die Eltern die Situation erklärt haben. Alexander hat die Fürsorglichkeit für seine Schwester akzeptiert, trägt alles mit, obgleich er ja selbst noch klein ist. Angelika, genannt Geli, ist auf dem Weg hinter dem Garten geblieben. Sie vergnügt sich mit dem Wägelchen, das sie mittels zweier Kurbeln in den Händen fährt und steuert.

Geli hat das Glück, daß ihr Vater ein Bastler und Tüftler ist. So hat sie Spielzeug, das nicht so schrecklich nach Orthopädie und so wenig nach Spielsachen aussieht. Und sie hat das Glück, daß ihre Mutter Tag für Tag für sie da ist, wie ein Blick auf den Terminplan an der Wand zeigt (Gymnastik, Schwimmen, Arztbesuche, Vorsprachen, Vorträge). Nur die Mutter dürfte wirklich beurteilen können, wie sehr sie beansprucht ist.

Angelika ist voller Lachen und Lebensfreude, obgleich sie querschnittgelähmt ist. Nichts verrät, daß sie wochenlang in Krankenhäusern war, wochenlang nicht schlucken konnte und von Bronchitis gequält wurde. Sie strahlt, von einer Lust am Leben erfüllt. Nur die Krankengymanstik, die schmerzhaft ist, ertrug sie allenfalls schreiend und weinend, bis sie sich eines Tages aus Protest totstellte (Eggers: »Eine Bekannte macht die Tortur dreimal täglich, der Mann kann das Schreien nicht mehr hören und geht derweilen ins Wirtshaus«).

Angelika spielt und freut sich wie jedes Kind. Während wir bei einer Tasse Kaffee zusammensitzen, klingelt es an der Haustür. Ein Junge aus der Nachbarschaft kommt mit seiner Großmutter vorbei. Er ist schüchtern, Angelika ist es nicht. Sie wendet sich ihm zu, nimmt ihm die Scheu.

Das Mädchen ist durch die Behütung im Elternhaus mit einem Vertrauen ausgestattet, das jeden für sie einnimmt. Mir geht es jedenfalls so. Doch plötzlich muß ich daran denken, daß sie bald Menschen begegnen wird, die dennoch versuchen werden, das fröhliche Kind ins Getto abzuschieben. Natürlich, sie werden andere Vokalen gebrauchen, werden nicht »Getto«, sondern »Sondereinrichtung« sagen und nicht von Abschieben, sondern von einer speziellen Förderung sprechen.

Die Abschiebeversuche haben sogar schon, wie der Vater berichtet, begonnen: Der nächstgelegene — katholische — Kindergarten wollte Geli nicht. Der Pfarrer meinte, sie brauche eine speziell ausgebildete Kraft. Ein anderer — ebenfalls katholischer — Kindergarten hat sie jedoch erst einmal aufgenommen. Ich denke, die Kinder dort können glücklich sein, mit einem so herzigen Wesen aufzuwachsen.

Als ich mich verabschiede, sagt Gelis Mutter: »Sie haben uns gefragt, was wir gedacht haben, als sie geboren war. Wir haben uns gesagt, wenn es ihr zu schwer wird, wird sie gehen, wenn nicht, wird sie bleiben. Wir wollten ihr die Hand reichen. Anfangs war es schwer, weil sie nicht schlucken konnte und oft Bronchitis hatte. Ich denke: Sie hat sich entschieden zu bleiben.«

Draußen vor der Tür sage ich dem Vater: »Sie haben eine so liebenswerte Tochter.« »Ja«, meint er, »das sagen alle.« Und ebenso abrupt wie entschlossen fügt er hinzu: »Wir müssen verhindern, daß sie später einmal in eine Sonderschule kommt.«

Die Psychiatrie krankt an ihrem Menschenbild

Die 41jährige Angestellte Ellen Kurz beunruhigt im Januar 1991 der Golfkrieg. Sie fühlt sich — wie viele Zeitgenossen — bedroht. Ihre Schwester Erna ruft Ellens ehemaligen Hausarzt an: Die Schwester habe sich durch den Golfkrieg in etwas hineingesteigert, gebe laufend Telegramme an Greenpeace auf.

Der Internist sagt einen Hausbesuch nach der Sprechstunde zu. Er trifft gegen 13 Uhr ein, aber niemand macht ihm auf. Ein besorgter Nachbar dringt über den Balkon in die Wohnung ein und öffnet dem Arzt die Tür. Die vermeintlich Lebensmüde duscht gerade. Ellen Kurz: »Da zog mir plötzlich ein Mann den Duschvorhang weg, von dem ich nicht wußte, wie er hereingekommen war, den ich nicht einmal genau erkennen konnte, weil ich kurzsichtig bin und beim Duschen weder Brille noch Kontaktlinsen trug. Er fragte mich — während er ja sehen mußte, daß ich dusche —, was ich denn da mache.«

Der Internist fragt seine ehemalige Patientin: »Frau Kurz, was ist los, wer sind Sie?« Da er sie kennt, ihren Namen nennt, antwortet sie schnippisch, sie sei Gott, habe keine Zeit und müsse noch ein Telegramm aufgeben. Ellen Kurz: »Ja, an wen denn?‹ wurde ich gefragt. ›An den lieben Gott‹, antwortete ich voller Zorn, um meine fromme Schwester zu ärgern.«

Der Facharzt für innere Medizin hält eine Zwangseinweisung für geboten. »Er war sich nicht ganz sicher«, erinnert sich Erna, »was er auf den Einweisungsschein schreiben müsse, und erkundigte sich beim Psychiatrischen Landeskrankenhaus.« Der Arzt erhält die Auskunft, zu einer Einweisung müsse Eigen- oder Fremdgefährdung vorliegen. Erna: »Daraufhin fragte er mich, ob meine Schwester Selbstmordabsichten geäußert habe. Ich sagte ihm, daß ich große Angst um meine Schwester gehabt hätte, sie habe einmal gesagt, sie wolle am liebsten nicht mehr leben.«

Der Internist schreibt die Zwangseinweisung aus, Diagnose: akute Selbstgefährdung, akute Psychose, »Gotteswahn«. Er ruft Polizei und Krankenwagen und verabschiedet sich. Kurz darauf sind Sanitäter und Polizisten in der Wohnung. »Warum kommen Sie nicht mit«, heißt es, »ziehen Sie sich jetzt an!« Ellen Kurz wehrt sich heftig, wird in Handschellen gelegt und nackt auf einem Transportstuhl festgeschnallt. Sie hört die Türen der Nachbarn aufgehen, merkt noch, wie jemand versucht, sie mit einem Morgenmantel zu bedecken, er rutscht weg.

Der Aufnahmearzt in der Psychiatrie empfindet die Patientin als abweisend, feindselig. Er beurteilt sie als äußerlich gepflegt, voll orientiert und bewußtseinsklar. Auffassung, Aufmerksamkeit und Konzentration seien ungestört. Akute Selbstmordgefahr bestehe nicht. Formale Denkstörungen, akustische oder optische Halluzinationen fänden sich nicht. Sie habe aber paranoide Beziehungs- und Beeinflussungsideen. Der Arzt verordnet Haldol und Neurocil, in diesen Fällen übliche Neuroleptika.

Am vierten Tag wird das Amtsgericht benachrichtigt, die Patientin habe eine paranoide Psychose und sei durch die völlige Verkennung ihrer Lebenslage eigengefährdet. Beantragt wird eine Unterbringung für sechs bis acht Wochen. Am siebten Tag erscheint ein Amtsrichter. Die Patientin unterschreibt einen Vordruck, weitere acht Tage »freiwillig« zu bleiben. Zwei Wochen nach der Einweisung wird sie entlassen. Ellen Kurz, die nie zuvor mit der Psychiatrie zu tun hatte, fühlt sich zutiefst in ihrer Menschenwürde verletzt und versucht derzeit, Schmerzensgeld einzuklagen.

Kritik an psychiatrischer Behandlung wird meist als mangelnde »Krankheitseinsicht« abgebucht. Daß aber auch die psychiatrische Praxis von Vorurteilen und Stereotypien bestimmt ist, behauptet der Psychiater und Diplompsychologe Matthias Krisor. Ein Beispiel dafür ist seiner Meinung nach der Standardsatz: »Gewalt gehört als notwendiges Übel zur Psychiatrie dazu.« Krisor leitet seit 1979 die sozialpsychiatrische Abteilung des St. Marien-Hospitals Eickel in Herne und tritt für eine Psychiatrie ohne geschlossene Stationen ein.

Wer die Psychiatrie kritisiert, sollte wie ein Boxer einstecken können, denn es wird hart zurückgeschlagen. Krisor hat erfahren, daß die »Versuche, dem psychisch kranken Menschen zur Subjektwerdung zu verhelfen, auf erbitterte Ablehnung, ja geradezu Haß stoßen«. Sein Kollege Heinrich Kunze, Psychiatriedirektor im hessischen Merxhausen, weiß: »Kritik von innen gilt als Nestbeschmutzung und wird unterdrückt.«

Kritik von innen hat es nicht einmal 1945 gegeben, obwohl die deutsche Psychiatrie in der Nazizeit etwa 400 000 Menschen als erbbiologisch oder rassisch minderwertig sterilisieren ließ. Kritik von innen war auch kaum möglich, da sich Koryphäen des Faches in den Dienst der »Rassenpflege« gestellt hatten.

In den Jahren 1940/41 wurden mehr als 70 000 Patienten in Vergasungsanstalten abtransportiert. Einen rettenden Engel im weißen Kittel hatten sie nicht. Etwa ein Drittel der Ordinarien bestimmte durch Gutachten, wer in die Gaskammer kam. Ihrer Karriere nach 1945 hat dies nicht geschadet. Einer von ihnen, Professor Werner Villinger, wurde gar Wiedergutmachungsexperte der Bundesregierung. Die Zwangssterilisierten kämpfen noch heute darum, als Verfolgte anerkannt zu werden. Selbst die Ermordeten gelten im Sinne des Entschädigungsrechts nicht als Opfer von Nazi-Unrecht. Ihre Kinder, sie leben unter uns, wagten es nicht, sich als Nachkommen von »Erbkranken« zu offenbaren. Sie waren gezwungen, ihre Trauer in sich zu verschließen.

Ein Ordinarius behauptet, tausendfach Patientenleben gerettet zu haben: Der Hamburger Psychiater Hans Bürger-Prinz beschrieb in seinen Lebenserinnerungen (»Ein Psychiater berichet«), ihm sei es gelungen, »das von Berlin aus befohlene Schicksal Erbkranker für Hamburg und seinen Umkreis zu vereiteln«. Seine Schüler pflichteten ihm bei: Dank Bürger-Prinz sei Hamburg das einzige Land, wo keine Kranken ermordet oder zur Ermordung abtransportiert wurden.

Der Leipziger Privatdozent Bürger-Prinz war 1936 Leiter der Hamburger Universitätspsychiatrie und

Ordinarius geworden, obgleich er auf keiner Berufungsliste der Fakultät gestanden hatte. Er gehörte der NSDAP und der SA seit Mai 1933 an und war Mitglied einer Kommission der »Reichsstelle für deutsches Schrifttum«, die psychoanalytische Schriften auf den Index setzte. Er war Beisitzer am Erbgesundheitsgericht, das über Zwangssterilisierung angeblich minderwertiger Menschen entschied.

Aus Hamburg wurden Tausende deportiert und ermordet. Aber auch in der Hamburger Universitätspsychiatrie verdoppelte sich 1941 die Sterberate im Vergleich zu den Vorkriegsjahren — unter den Toten war ein sechsjähriges jüdisches Mädchen, dessen Eltern verschleppt worden waren. Der Psychoanalytiker und Psychiater Friedemann Pfäfflin ist Mitglied einer Forschergruppe, die nach Auswertung der Krankenakten zu dem Schluß kam, auch in der Klinik von Bürger-Prinz seien Patienten umgebracht worden. Jene, die an Bürger-Prinz' Widerstand glauben, entgegneten, Pfäfflin reagiere seinen Vaterkomplex ab.

Die deutsche Psychiatrie war kein Opfer der Nazidiktatur, die Nazis öffneten vielmehr Schleusen: Der Krankenmord in Vergasungsanstalten wie Hadamar war 1940/41 zentral von Berlin aus gesteuert worden. Danach wurde die Vernichtung der Kranken — durch Überdosierungen oder indem man sie verhungern ließ — den einzelnen Anstalten überlassen.

Die Anstaltspsychiater konnten ihre Opfer nun selbst bestimmen. Sie beseitigten die »Unheilbaren« und die »Therapie-Resistenten« — jene Patienten, die ihnen ihr Unvermögen, nicht heilen zu können, täglich vor Augen geführt hatten. Von 1942 bis zum

Kriegsende wurden mehr Patienten getötet als bei der Vergasungsaktion. In der bayerischen Anstalt Kaufbeuren hielt das Morden sogar bis Anfang Juli 1945 an, als die Amerikaner die Stadt schon längst befreit hatten.

Dreißig Jahre dauerte es, bis sich Reformideen in der westdeutschen Psychiatrie durchsetzten. 1975 legten bekannte Psychiater eine »Psychiatrie-Enquête« vor. Sie geißelten die Massenverwahrung in veralteten Bettenburgen und regten eine gemeindenahe Psychiatrie an. Die Anstalten wurden saniert, Massensäle aufgelöst, indem man die chronisch Kranken in Pflegeheime abschob. Die Trennung der Heilbaren und vermeintlich Unheilbaren nützt den Krankenkassen, die nur für Behandlungs-, aber nicht für Pflegekosten aufkommen.

Psychiater, die eine bessere Versorgung ihrer Patienten wollen, sehen sich bis heute vielerorts in administrative Zwangsjacken gesteckt: Die Hilfe für psychisch Kranke orientiert sich nicht am Menschen, sondern an Kostenträgern und Monopolstellungen. Das Behandlungsprivileg haben die niedergelassenen Nervenärzte und die mitunter eine Tagereise entfernten psychiatrischen Landeskrankenhäuser (psychiatrische Abteilungen an Allgemeinkrankenhäusern sind noch die Ausnahme).

Nur wenige Psychiatriedirektoren sind so souverän wie Michael von Cranach, Leiter des Bezirkskrankenhauses in Kaufbeuren. Er verkleinert seine Anstalt zugunsten psychiatrischer Einrichtungen an anderen Orten; so können die Menschen dort behandelt werden, wo sie leben. Wer nämlich öfters in die

Psychiatrie muß, wird mehr und mehr seiner Umgebung entfremdet und am Ende völlig entwurzelt. Diese Kranken laufen Gefahr, sagt der Psychiater Heinrich Kunze, »wie eine Flipperkugel« zwischen den verschiedenen Institutionen hin- und hergeschossen zu werden, »bis sie in ein Loch fallen und verschwinden«.

Im Dschungel der sozialrechtlichen Vorschriften haben es die Einrichtungen in der ehemaligen DDR besonders schwer. Ihnen wurde das wirre Hilfssystem des Westens zwangsverordnet. Im Mai 1993 übernahm der Pädagoge Hans Jochimsen die Leitung eines psychiatrischen Pflegeheimes in Hoym (Sachsen-Anhalt). Jochimsen ist ein »Westimport«, der aus Idealismus zum Osttarif arbeitet. Seine Versuche, die ehemalige Verwahranstalt umzugestalten, werden immer wieder von der Sozialbürokratie blockiert. Er nennt das in einem Anfall von Verzweiflung »Gummiwände, gegen die sich lange laufen läßt . . .«

Über die Ursachen psychischer Erkrankungen wird spekuliert, doch wie man sie am wirkungsvollsten bekämpft, glaubt man zu wissen: durch Neuroleptika, fälschlicherweise als Psychopharmaka bezeichnet, denn sie wirken nicht auf die »Seele«. Es sind Mittel, so die Psychiater Klaus Dörner und Ursula Plog in ihrem Lehrbuch »Irren ist menschlich«, die vorwiegend am Stammhirn »angreifen«. Sie dämpfen und unterdrücken Symptome, machen Krankheit wie Kranke »beherrschbar«, aber sie heilen nicht.

Die »Nebenwirkungen« der Neuroleptika sind so zahlreich, daß der Platz nicht ausreicht, sie zu beschreiben. Viele Kranke sind dennoch dankbar für die

Mittel, weil sie ihnen, und sei es zumindest zeitweise, ein Leben außerhalb der Anstalt ermöglichen. Sie müssen aber mit unheilbaren Schädigungen rechnen. Dauergeschädigte Patienten grimassieren zum Beispiel, schmatzen, haben den Zwang zu ständiger Bewegung, können ihre Gliedmaßen nicht mehr kontrollieren oder zittern wie Parkinson-Kranke.

Dörner und Plog schrieben schon 1978 in ihrem Lehrbuch: »Es gibt zunehmend Patienten, die lieber an ihren Symptomen als an ihren Pharmaka leiden.« Einer von ihnen bemühte das Landgericht Berlin. Die Richter kamen aufgrund eines neurologisch-psychiatrischen Gutachtens im November 1992 zu dem Urteil, eine durchgreifende Verbesserung oder Heilung durch Neuroleptika sei nicht zu erwarten. Die Behandlung setze den Patienten lediglich dem Risiko dauerhafter Spätfolgen aus. Die Neuroleptika wurden per Gerichtsbeschluß abgesetzt.

Die psychiatrische Forschung ist fest in Händen der Pharmaindustrie. Die Hamburger Psychiaterin Charlotte Köttgen hat schon vor Jahren darauf hingewiesen, daß die Geldgeber »durch konziliante Auslegung der Ergebnisse entlohnt« werden wollen. Sie sagt über die Abhängigkeit der Psychiatrie von den Pillen-Konzernen: »Kongresse — von der (Pharma-) Industrie bezahlt — sorgen für die ›diskrete‹ Verbreitung solch marktfördernder Resultate.«

Obgleich die quälenden »Nebenwirkungen« und die möglichen Dauerschäden in jedem Lehrbuch nachzulesen sind, klagen Patienten, ihr Arzt leugne die Folgen der Neuroleptika. Rosi Haase von der Leipziger Betroffenen-Initiative »Durchblick« berichtet dagegen von einer Ärztin aus Leipzig, die in diesem Jahr ganz anders handelte. Die Medizinerin hatte mit einem Mitglied der Selbsthilfegruppe eine Tagung besucht. Von dem Treffen zurückgekehrt, erkrankte ihr Begleiter, mußte in die Klinik und forderte hohe Dosierungen (»richtige Hämmer«), wie stets, wenn er in einer akuten Krise war, denn er kannte nichts anderes. Die Ärztin weigerte sich jedoch und ging statt dessen mit ihm im Park spazieren. Nach einigen Tagen war sein Erregungszustand abgeklungen. Zuwendung statt Pillen; im psychiatrischen Alltag ist es oft umgekehrt.

In der Psychiatrie gibt es Personal, das abgestumpft, ja verroht ist, und es gibt ganz wunderbare Mitarbeiter, engagiert und menschennah. Auch von diesen werden viele in die Resignation getrieben. Bei einer sozialpsychiatrischen Zusatzausbildung im vergangenen Herbst legte der Leiter einer Langzeiteinrichtung eine Arbeit vor, welche die nervenden Verrücktheiten des Stationsalltags beschreibt. Der Autor hat seine Arbeit mehreren Patienten gewidmet:

● einer 56jährigen Lehrerin, seit 27 Jahren in der Anstalt, »weil seit 1966 in allen Arztberichten vermerkt wird, daß Sie einen Hang zur Verwahrlosung haben, und weil die Ärztin noch nie in Ihrem penibel aufgeräumten Zimmer war«;

● einem 64jährigen Schneider, seit 43 Jahren in der Anstalt, »weil die Ärztin in ihrem letzten Bericht geschrieben hat, daß Sie nach Besuchen Ihrer Mutter über längere Zeit sehr erregt sind, und weil Ihre Mutter schon vor über sechs Jahren verstorben ist«;

● einem 48jährigen Theologen, seit 17 Jahren in der Anstalt, »weil die Ärztin so stolz darauf ist, daß es Ihnen aufgrund der optimalen Medikamentenkombination schon so lange gutgeht. Ich glaube fast, Sie wissen, daß ich die Tabletten regelmäßig aus dem kleinen Schlitz hinter der Fußleiste entferne.«

Seit Oktober 1992 gibt es den »Bundesverband Psychiatrie-Erfahrener« mit Sitz in Bonn. Sein in der Vereinssatzung formuliertes Ziel ist »eine andere, gewaltfreie Psychiatrie«. Ihre Beschädigungen durch die Psychiatrie bekennen vor allem Frauen. (Frauen definierte der Bonner Psychiatriedirektor Richarz im vorigen Jahrhundert »als ein Negatives, als das Nicht-Männliche«.)

Eine von ihnen, Erika Schiebuhr, fordert, das »Menschenbild vom psychisch Kranken radikal zu ändern«. In ihrer Krankenakte steht der Satz: »Sie bildet sich ein, ihr Studium fortsetzen zu können.« Erika Schiebuhrs Kommentar: »Das war wirklich eine ›ganz schlimme Wahnidee‹: Die verabreichten Elektroschocks hätten diesen Ärzten beinahe recht gegeben, da sie umgehend Gedächtnisstörungen verursachen.«

Jutta Jentges vom Nürnberger Selbsthilfeverein »Pandora« bezeichnet sich selbst als Psychiatriegeschädigte (»Psychiatrie nimmt Lebensmut, statt Mut zu machen«). Sie vermißt jede Auseinandersetzung mit dem Menschen. Es sei sehr bequem, nur Neuroleptika zu verordnen und das Thema Wahnsinn so auf den Stoffwechsel zu reduzieren. Also Lebenskrisen mit Chemie zu bekämpfen.

Wer die Krankheitsursache im Stoffwechsel sucht, vernachlässigt biographische und soziale Hintergründe. Tausende von Frauen sind zum Beispiel in der Vergangenheit krank geworden und in die Psychiatrie gekommen, weil sie in ihrer Kindheit sexuell mißbraucht wurden. Bei ihnen wurde »paranoide Schizophrenie« diagnostiziert, sie schluckten Neuroleptika, aber was sich hinter den Symptomen verbarg, wurde nicht wahrgenommen.

Schauen, was hinter den Symptomen tobt, ist das Thema von Dorothea Buck. Sie wurde 1936, gerade neunzehnjährig, in den Bodelschwinghschen Anstalten in Bethel zwangssterilisiert. Es war für sie die »beklemmendste Erfahrung menschlicher Entwertung«. Besonders demütigend fand sie, daß Ärzte und Pfarrer die Patientinnen »keines Gespräches für wert oder fähig hielten«. In Vorträgen und Aufsätzen tritt sie dafür ein, »Psychosen endlich als das zu begreifen, was sie sind, nämlich verschlüsselte Botschaften des Unbewußten, die wahrgenommen und in ihrer Bedeutung erfaßt, statt mit Medikamenten zugeschüttet und bekämpft werden müssen.«

Ursula Zingler hat jedoch die Erfahrung gemacht, daß es in der Psychiatrie eine Ausnahme ist, »die anzuhören, um die es geht«. Ihre bescheidene Forderung lautet, ein Klinikaufenthalt müsse vom Kranken als Hilfe und nicht als Gewaltmaßnahme begriffen werden können, der Kranke sei in die Behandlung einzubeziehen. Das eigentlich Selbstverständliche ist in der Psychiatrie keineswegs normal.

Die Reduzierung des Patienten auf das Symptom (»abnormer Rauschzustand«, »schizophrener Defekt«) erniedrigt den Kranken und schützt den Arzt davor, sich mit dem Leid von Menschen auseinanderzusetzen. Ein krasses historisches Beispiel findet sich in den Krankenakten der Hamburger Universitätspsychiatrie: 1940, nachdem jüdische Bürger schon Jahre der Verfolgung erlitten hatten, wurde eine Jüdin wegen Verfolgungsideen und schweren Depressionen aufgenommen. Sie klagte, daß man sie »wie das letzte Schwein« behandle und »unter die Erde« bringen wolle. In ihrer Krankenakte steht: »Voller hypochondrischer Befürchtungen.« Ein Jahr später wurde sie nach Minsk deportiert und ermordet.

Psychiatrie legt Patienten auf Defekte fest. Psychiater reden von »unseren Psychosen«, womit sie ihre Patienten mit Psychosen meinen. Die Sprache ist männlich-kriegerisch: Symptome werden »beherrscht«, »bekämpft«, »unterdrückt«. Patienten werden, als seien sie Maschinen, auf Neuroleptika »eingestellt«. Die Hoffnung, die Neuroleptika würden die Psychiatrie endlich zu einem heilenden Fach machen, erwies sich als Illusion. Viele Psychiater erleben dies offenbar bewußt oder unbewußt als Kränkung, denn sie reagieren mit der Diffamierung der »Therapie-Resistenten«, wie die Negativsprache und die abwertenden Urteile in Krankenakten zeigen. Die Psychiatrie krankt an ihrem Menschenbild.

Viel wäre gewonnen, würde Psychiatrie Menschen in schwersten Krisen und Ausnahmezuständen als verstehende Instanz begleiten. Glücklicherweise gibt es Psychiater, die nicht Krankheiten bekämpfen, sondern Menschen in ihrer Krankheit begleiten. Ich kenne einige. Sie werden es mir nicht verübeln, die Nöte der Patienten vor die Probleme der Psychiater gesetzt zu haben.

Idiotentest

Vera Stein lebt in einem Flecken in Bayern, ein paar Häuser, sonst nichts. Zur Begrüßung hat sie einen Kuchen gebacken. Ich kaue lange daran. Was die Frau erlebt hat, ist der pure Wahnsinn: Als Kind bekam sie Polio. Im Gymnasium wurde sie als Hinkebein gehänselt. Sie rebellierte, kam mit 15 in die geschlossene Psychiatrie, versuchte abzuhauen, wurde eingefangen. Ein Arzt und ein Psychologe schleifen sie eigenhändig zum Bett, lassen sie mit Gurten fesseln, regelrecht niederspritzen. Spritzen gibt es fortan dreimal täglich. Die Diagnosen: jugendliches Irresein, frühkindliche Hirnschädigung, asoziale Persönlichkeit.

Einmal wird das Mädchen zur Strafe am Heizkörper festgebunden. Sie zappelt, zittert, zerrt an ihren Fesseln. Personal und Arzt sitzen im Halbkreis herum, begaffen das Schauspiel, trinken Kaffee, essen Kuchen dazu, lachen, was für ein Gaudi! Die Dosierungen werden erhöht, die Nebenwirkungen verstärken sich: Vera kann sich, »wenn überhaupt, nur noch wie ein Roboter bewegen«. Schließlich wird sie von den Pharmaka abhängig. Sie steigert sich in Schreianfälle und tobt, um noch mehr Arznei zu bekommen.

Mit 21 Jahren nimmt sie 1980 eine ehemalige Mitpatientin in der Familie auf. Fotos aus dieser Zeit zeigen ein gekrümmtes Wesen, unfähig, aufrecht zu gehen oder zu sitzen, ein Wrack. Schlimmer noch: Sie verliert für viele Jahre die Sprache, wird in eine Werkstatt für Behinderte abgeschoben. Die junge Frau kämpft jedoch verbissen um ihr Leben und beendet 1990, nahezu ein Wunder, eine Ausbildung als Technische Zeichnerin und Teilkonstrukteurin für Maschinenbau.

Ein Jahr später erkrankt sie an den Spätfolgen der Kinderlähmung. Klinikaufenthalte folgen, doch sie wird nicht auf die schwindenden Muskelkräfte behandelt, sondern als psychisch krank abgetan. Eine gewitzte Nachbarin bringt sie eines Tages zur orthopädischen Notfallstation. Sie verschweigen die Diagnosen. Nun, endlich, erkennen Ärzte die Polioschäden. Die Anträge auf notwendige Reha-Maßnahmen werden jedoch auf dem Weg zwischen Krankenkasse, Bundesversicherungsanstalt für Angestellte und Kliniken verschlampt, verlegt, wer weiß was. Und immer wieder der Versuch, sie als Irre abzutun.

Der Name Vera Stein ist ein Pseudonym, unter dem die Behinderte, 1958 geboren, ein Buch geschrieben hat: »Abwesenheitswelten. Meine Wege durch die Psychiatrie.« Der beste Kinder- und Jugendpsychiater, Professor Reinhard Lempp, verfaßte das Vorwort. »Das Schlimmste ist«, heißt es dort, »daß sich die Psychiater ... dieser Gewalt und ihrer Macht gar nicht bewußt sind.«

Vera Stein arbeitet halbtags, das Geld reicht kaum zum Lebensunterhalt. Von ihrer Wohnung blickt sie auf Hügel, Bäume und Kühe. Ohne Auto säße sie im Grünen gefangen. Kurz nach meinem Besuch schickte ihr das Landratsamt einen Brief. Sie soll wegen ihres Führerscheins einen »Idiotentest« machen. Wo sie auch hinkommt, ereilen sie ihre Diagnosen. Die Frau ist nicht irre, sondern jene, die sie zur Idiotin abstempeln wollen.

Endstation

Hoym liegt in Sachsen-Anhalt, zwischen Aschersleben und Quedlinburg. 1985 wurde dem Ort der Titel »Schöne Stadt« verliehen. Die Bürger empfanden dies als Hohn. Im Herbst 1989 entfernten sie den Titel auf den Ortsschildern wieder.

Mittelpunkt des Landstädtchens ist das baufällige Schloß. Der letzte Herzog von Anhalt-Bernburg, Alexander Karl, wurde 1855 hierher abgeschoben. Er litt an Geistesschwäche, starb acht Jahre später. 1878 wurde das barocke Schloß Landessiechenanstalt, diente fortan als Endstation für Menschen, die keine andere Anstalt haben wollte.

In Hoym leben heute etwa 470 geistig und körperlich Behinderte, psychisch Kranke und Menschen, von denen man nicht mehr weiß, warum sie einmal eingesperrt wurden. Geleitet wird die Einrichtung von dem Pädagogen Hans Jochimsen. Er ist im Mai 1993 aus dem Westen nach Hoym gekommen. Unser erster Weg führt zum ehemals vergitterten Verwahrhaus. Noch Anfang 1989 wurde hier ein 14-Bett-Zimmer in zwei Gefängniszellen verwandelt, Isoliertrakt genannt. Das Haus ist im Umbau.

Jahr für Jahr in drangvoller Enge massenverwahrt, eingesperrt, festgebunden, mit Psychopharmaka betäubt, sind die Bewohner, wie es in der Fachsprache heißt »hospitalisiert«. Weil sich niemand mit ihnen beschäftigte, leben sie auf den eigenen Körper zurückgezogen, was sich in stereotypen Schaukelbewegungen ausdrückt. Auf der Männerstation im Schloßinneren gibt es für 55 Bewohner gerade drei Klos. Ein trister Saal dient als Aufenthaltsraum. In einigen Zimmern gibt es noch Kackstühle, wie man sie eher im Hygienemuseum vermutet. Essen, Schlafen, Spielen, alles geschieht in einem Raum, ohne jede Intimsphäre. Dennoch: Ich habe erstaunliche Menschen in Hoym kennengelernt, zum Beispiel Frau Rische, die seit 33 Jahren in der Anstalt untergebracht und dennoch nicht abgestumpft ist — eine Lebensleistung ohnegleichen. Weg will sie nicht mehr: »Hier habe ich meine Freunde und ein bißchen Freud.«

Oder die Sänger im Chor der Heimbewohner: Unter den Choristen sind Behinderte, die keinen Satz verständlich artikulieren können, aber sie singen! Heute wird das Lied »Der Mond ist aufgegangen« geprobt. Der Text ist zum Steinerweichen: »Verschon uns, Gott, mit Strafen, und laß uns ruhig schlafen. Und unsern kranken Nachbarn auch.« Wer in Hoym lebt, ist eigentlich genug bestraft.

Siegfried Fritsche managt den Minizoo, eine Oase der Freiheit mitten im Anstaltsgelände. Der Leiter des kleinen Tierparks (»Tiere und Behinderte gehören meiner Ansicht nach zusammen«) ist nach Kriegsende nach Hoym gekommen. Er erlebte, wie Anfang der siebziger Jahre die Tierhaltung von den DDR-Behörden verboten wurde. Fritzsche und weitere sechs Bewohner betreiben den Heimzoo ganz alleine. Tiere, mit denen man schmusen kann, sind wichtig in freudloser Anstaltsumgebung. Doch der Unterhalt der Vierbeiner, so wollen es die Sozialbehörden, muß aus Spenden finanziert werden.

So trostlos die äußeren Verhältnisse sind, die Menschennähe von Hans Jochimsen beeindruckt. Wo immer er auftaucht, suchen Behinderte Kontakt mit ihm, packt ihn einer an der Hand, will ihm etwas zeigen. Jochimsen arbeitet von sechs Uhr morgens bis zehn Uhr abends, zum Osttarif. Er ist der engagierteste Anstaltsleiter, den ich je kennenlernte. 1993 betrug der Pflegesatz für die Bewohner nicht einmal die Hälfte des Satzes in Westeinrichtungen. Kritik gibt es dennoch von allen Seiten: Heimaufsicht, AOK, Kostenträger der Sozialhilfe, Gewerbeaufsicht, Landesversicherungsanstalt kontrollieren, monieren, boykottieren.

In Hoym fehlen sogar so grundlegende Hilfsmittel wie Rollstühle, die Selbständigkeit von Behinderten überhaupt erst ermöglichen. Noch immer liegen Menschen nur deshalb im Bett, weil die Krankenkassen Anträge auf Anschaffung von Rollstühlen ablehnen. Wohlgemerkt: nach der Wende.

Behinderte haben ein gesetzlich verbrieftes Recht auf Teilhabe am Leben. Doch die Behinderten in Hoym kennen nur das Leben in der Anstalt. Jochimsen war gekommen, die grausamen Lebensbedingungen zu ändern, die zähen Widerstände von Behörden hatte er nicht erwartet. Wohl hat er Wohngruppen außerhalb der Anstalt aufgebaut, aber trotz des Einsatzes vieler Mitarbeiter ist Hoym eher Pflegedeponie denn ein Zuhause für Behinderte. Die DDR-Vergangenheit war schlimm, die bundesdeutsche Gegenwart ist trostlos.

Hans Jochimsen fehlt die Abgebrühtheit von Wohl-fahrtsmanagern, die selbst Mißstände als Fortschritt verkaufen. Er ist auch alles andere als ein Diplomat. »Ich stelle mir immer vor«, sagt er, während wir im heruntergekommenen Schloßsaal stehen, »ich wäre an der Stelle desjenigen, der das hier ertragen muß, ich wäre einer von den Menschen, die hier leben müs-sen. Ich muß, ich soll das ja offiziell verantworten, daß Menschen so leben.«

Mit Pennern unterwegs

An einem Wintertag ist Stadtstreicher Charly auf die
Knie gefallen und hat gebetet: »Lieber Gott, laß mich
sterben.« Charly, Karlheinz und die anderen nennen
sich selbst Stadt-»Berber«, weil das nach Freiheit
klingt. Die Bürger schimpfen sie Tippel- oder Wer-
mutbrüder, Penner oder Stadtstreicher. Die Soziolo-
gen reden von Nichtseßhaften. Das Bundessozialhilfegesetz registriert sie unter »Gefährdete«.

Charly und Karlheinz traf ich nachmittags gegen
16 Uhr unter der Frankfurter Hauptwache, auf der
B-Ebene, Knotenpunkt der U-Bahn und zugleich Ein-
kaufszentrum. Zu alt, zu gebrechlich, ihre Arbeitskraft zu verkaufen, verkaufen sie hier nur noch ihre
Armut. Ihre Armut ist ihr Kapital. Sie hocken in den
Nischen und betteln Passanten an. »Eine Sitzung halten«, heißt das im Berberjargon. Dabei muß man ein
Charakterschauspieler sein, sein Leiden zur Schau
stellen können, denn der Überlebenskampf in der
Stadt ist hart. Doch kein Elend, das nicht auch hier
noch einmal abkassiert würde. Was die Penner er-
betteln, müssen sie einer Art Zuhälter-Clique wieder
abliefern. Wer nicht zahlt, erhält Platzverbot und
wird so seiner Existenzgrundlage beraubt.

Charly und Karlheinz sind befreundet. Nachts
pennen sie mal in einem Abbruchhaus oder Neubau,
zwischen Ziersträuchern im Park, in einem Müll-

container, wo sie gerade »Platte machen« können —
wie es im Pennerjargon heißt. Tagsüber versuchen sie
sich auf der B-Ebene auf den Beinen zu halten, wenn
ihnen nicht die Polizei Beine macht und sie in die
Kälte hinausjagt.

Gegen 18 Uhr 30 taucht Polizei auf. Charly und
Karlheinz liegen am Boden, müde, von billigem Rotwein angetrunken. Zwei junge Polizisten treten sie
gegen Beine und Kopf, nicht hart und aggressiv, sondern eher wie man einen Hundekadaver mit den
Füßen wendet. Ich ziehe mit den Berbern, durch's
Penner-Nachtleben, will sehen, wie es ihnen ergeht
— auf der Suche nach einer Schlafstelle. »Du mußt
immer in Bewegung bleiben«, rät mir Werner, 32 Jahre
alt, haftentlassen, von Kind auf Fürsorgezögling. Er
läuft seit Wochen nachts durch die Straßen, weil er
nicht »Platte machen« kann. Werner ist akkurat
rasiert, trägt saubere Kleidung, adrett wie ein Ange-
stellter. Keiner würde auf einen »Penner« tippen.

Wir steuern ein Aufnahmeheim in der Bahnhofs-
gegend an. Im heruntergekommenen Flur drängeln
sich die Unterkunftslosen, doch die Betten sind bereits belegt. Im Fernsehraum sitzen die, die keine
Unterkunft haben, blaugefroren, die Köpfe auf die
Arme gelegt. Sie schlafen für die Nacht vor.

Um Mitternacht treffen wir Charly und Karlheinz
wieder, in einer Fußgängerpassage, oberhalb einer
U-Bahnstation. Hier kommt die Polizei nicht so oft
vorbei, manchmal gar nicht. Draußen ist es inzwischen bitterkalt, und eine Pulle Rotwein kreist.

Ich ziehe mit Werner in eine Kneipe in der Bahn-
hofsgegend, wo man für ein Glas Bier bis morgens

vier Uhr ausharren kann. Kurz vor vier brechen wir auf. In einer Toilette auf der B-Ebene schläft ein Berber in der Hocke, direkt neben der Pinkelrinne des Pissoirs. Ein zweiter liegt im Vorraum. Um vier Uhr macht die Heilsarmee auf. Einige wärmen sich an der Heizung, andere schlafen sofort auf ihrem Stuhl ein. Um fünf ziehen die meisten zur Jobvermittlung des Arbeitsamtes an der Großmarkthalle. Der Vordereingang ist nur für Arbeitgeber da, gebietet das Türschild. Die Arbeitnehmer, die Penner, müssen in den Hinterhof, Treppe hoch, in einen kahlen Raum, übermannshoch gekachelt, wo schon andere Arbeitslose warten, um eine Arbeitsstelle für einen Tag zu kriegen.

Ich kehre mit Werner auf die B-Ebene zurück. Er wird hier warten, bis die ersten Kaufhäuser aufmachen. Drei Stunden sind das noch, wenn ihn nicht vorher die Polizei verjagt. Dann wird er in eine Kaufhaus-Cafeteria gehen, und wenn jemand ein halbes Brötchen auf seinem Frühstücksteller zurückläßt, dann wird er es schnell einstecken. Dann geht er in die Kirche. Dort kann er sich aufwärmen und ein wenig schlafen. Dann läuft er wieder weiter, dann beginnt eine neue Nacht und der nächste Morgen und der nächste Tag. Und sonntags ist es ganz schrecklich, denn dann sind alle Geschäfte zu. »Da bist immer auf den Beinen«, sagt er, »setzen kannst dich nirgends.« Werner und die anderen sind keine Ausnahmefälle: Denn nach der Statistik kann nur einer von zehn ein Bett finden, denn es gibt zu wenig Einrichtungen.

Obdachlos und begraben
wie ein »richtiger Mensch«

Als ich das erste Mal studienhalber in einem Penner-
asyl übernachten wollte, rasierte ich mich eine
Woche lang nicht und zog meine ältesten Klamotten
an. In der Pennerbleibe fiel ich sofort auf: Ich war als
einziger unrasiert. Die Männer waren angesichts
ihrer Obdachlosigkeit zwar resigniert, und ihre
Lebensgeschichte hatte sie mutlos werden lassen.
Doch auf das Äußere hielten sie viel. Ich war das
Opfer meiner Vorurteile geworden.

Nun hat jeder Gegenbeispiele vor Augen: abgeris-
sene Gestalten, die Habe in Plastiktüten verstaut,
dem Alkohol verfallen. So sehen sie in der Tat am
Ende aus, doch so haben sie ihre Pennerkarriere nicht
begonnen. Der Weg nach unten beginnt für viele Bun-
desbürger mit dem Verlust ihrer Arbeit — die Wohnung wird unbezahlbar. In sozialen Einrichtungen
dreht sich heute bald jedes zweite Beratungsgespräch
um Wohnraumprobleme. Die Wohnungsnot verfolgt
Menschen sogar ins Klinikbett. So klagte schon 1990
in Stuttgart die *Deutsche Vereinigung für den Sozialdienst im Krankenhaus*, immer öfter würden Patienten — Alte, Alleinerziehende und Alleinstehende —
ohne Obdach entlassen. Ein Gerichtsvollzieher
drang sogar bis zum Krankenbett vor, um einer Frau
die Wohnungsschlüssel abzunehmen. Die erst 50jäh-
rige Sekretärin kam ins Altersheim. Einem anderen

Patienten wurde Räumungsschutz verweigert, schließlich sei er im Krankenhaus und habe ein Obdach.

Die Abschiebung von Menschen ins Nichts produziert keine Schlagzeilen. Die allgemeine Verhärtung gegen das Schicksal anderer nimmt zu. In jedem Winter erfrieren Obdachlose, es wird sogar dies hingenommen. Die gängige Methode, sich gegen das Leid anderer abzuschirmen, ist einfach: Man gibt den Opfern die Schuld.

Vor genau elf Jahren gab das Presse- und Informationsamt der Bundesregierung eine Broschüre heraus: »Reden ist Silber. Helfen ist Gold. Soziale Initiativen.« Die Bundesregierung wollte zeigen, so der Bundeskanzler im Vorwort, »daß in unserem Land Nächstenliebe und Nachbarschaftshilfe in weit größerem Maße vorhanden sind, als manche Klage vermuten lassen«. Die Broschüre enthielt ein aus der Sicht der Bundesregierung anerkennenswertes Beispiel der Nichtseßhaftenhilfe. Das Bundespresseamt textete: »Während es früher auch in Münster für Nichtseßhafte nur die behördliche Beerdigung und ein Messingschild mit einer Nummer auf einem schmucklosen Grab gab, bekommt jetzt jeder verstorbene Stadtstreicher ein richtiges Begräbnis. Für die Nichtseßhaften ist gerade dies ganz besonders wichtig, denn sie — die im Leben oft wie Ausgestoßene behandelt werden — legen sehr großen Wert darauf, jedenfalls nach ihrem Tod ›wie ein richtiger Mensch‹ bestattet zu sein.« Im Leben wie Abschaum behandelt, aber wie ein »richtiger« Mensch begraben ...

Ein Lehrstück behördlicher Menschenverachtung ist der Brief einer Stadtverwaltung. Ein Stadtdirektor diktierte da an einen Obdachlosen: Um feststellen zu können, ob überhaupt Anspruchsvoraussetzungen nach dem Bundessozialhilfegesetz gegeben seien, werde bei einem Hausbesuch eine Überprüfung der persönlichen und wirtschaftlichen Verhältnisse durch den sozialen Außendienst vorgenommen: »Da Sie jedoch ohne festen Wohnsitz sind«, schrieb der gutdotierte Beamte, »ist eine Durchführung eines Hausbesuches zur Überprüfung Ihrer Angaben nicht möglich.«

Bei einem Nichtseßhaften, so das Schreiben weiter, entfiele ja ohnedies der Bedarf für Unterkunfts- und Heizkosten. Es entstünden auch keine Kosten für Beleuchtung, Kochfeuerung, Betrieb elektrischer Geräte. Der unzweifelhaft größte Bedarf entfalle auf Aufwendungen für Ernährung, dazu sei jedoch folgendes auszuführen: »Nach Paragraph 2 BSHG (Nachrang der Sozialhilfe) sind die Möglichkeiten, die erforderliche Hilfe von anderen zu erhalten, vorrangig auszuschöpfen. Allein im Stadtgebiet ... besteht für den Personenkreis der Nichtseßhaften die Möglichkeit, bei verschiedenen Einrichtungen den Ernährungsbedarf zu decken. Von hier eingeholte Erkundigungen ergaben, daß a) beim Priesterhaus, b) Provinzialat der Clemensschwestern, c) Altenheim ›Regina pacis‹ Frühstück, Mittagessen (warme Mahlzeit) und Abendessen regelmäßig, kostenlos und ohne irgendwelche Auflagen eingenommen werden können.« Eine nicht nur zynische, sondern auch rechtswidrige Auskunft: Auch Wohnsitzlose haben Anspruch auf Hilfe, sie sind umfassend zu beraten. Doch die Beratung obliegt ausgerechnet jenen, die auch zahlen müssen.

Wie ein Kommentar dazu liest sich das Buch Jesus Sirach, etwa 190 Jahre vor Christi Geburt in Jerusalem geschrieben. Im 13. Kapitel heißt es: »Der Reiche tut Unrecht und prahlt noch dazu; dem Armen geschieht Unrecht, und er muß noch um Gnade flehen.« Weiterhin steht dort: »Wie könnte Friede sein zwischen . . . dem Reichen und dem Armen? Wie die Wildesel der Wüste ein Fraß der Löwen sind, so sind die Armen die Weide der Reichen.«

Hilfe ohne Herablassung

Ein Sozialmärchen

Stadtstreicher scheuen keine Konfrontation mit dem »Normalbürger«. Sie rempeln Passanten, fäkieren oft in der Öffentlichkeit. Hinzu kommen Bettelei, Nötigung, Sachbeschädigung, leichte Körperverletzung. Sie suchen die Anonymität der Stadt, haben keine innere Bindung zu ihr.

Solche Vorstellungen — nachzulesen in Veröffentlichungen des Deutschen Städtetages — teilen viele Kommunalpolitiker und Sozialverwaltungen. Nach den Erfahrungen, die eine Heidelberger Bürgerin macht, muß es sich jedoch um Vorurteile handeln. Dörte Klages (Jahrgang 1931), eine Dame der Gesellschaft, fühlte sich durch die Penner früher auch gestört. Doch eines Januarabends begegnete sie einer Gruppe, die bei strengstem Frost ein Nachtlager im Freien vorbereitete. Sie erschrak und dachte: Gleich, was Menschen in ihre Not gebracht hat, man kann sie nicht erfrieren lassen.

Dörte Klages begann, für die Obdachlosen Unterkünfte (und auch Arbeit) zu suchen. Ihre unglaublich anmutende Bilanz: Bis Oktober holte sie über 50 Stadtstreicher von der Straße, inzwischen sind es über 100. Ihr Rechenschaftsbericht klingt wie ein Sozialmärchen:

»Sie sind fast von einem Tag auf den anderen sauber gewaschen und rasiert ... Auch die Kleiderpflege hat sich spontan auf ein höheres Niveau hinentwickelt. Die Zimmer werden saubergehalten. Vielfach trifft man auf das Bemühen, darüber hinaus durch Blumenschmuck, wie auch durch das Auflegen von Tischtüchern und dergleichen einen wohnlichen Charakter zu erzielen.« Die Veränderung der äußeren Situation änderte auch das Verhalten der Untergekommenen.

Man muß sich das vorstellen: Da kommt eine Frau aus bürgerlichem Hause, bar sozialwissenschaftlicher Theorien, holt die Penner von der Straße, versorgt sie mit Wohnraum — und es klappt. Wie macht sie das?

Ich begleitete sie an einem Freitag. Eingezwängt zwischen alten Lampen und Stühlen, gebrauchter Bettwäsche und Kleidung (ausrangierte Sachen, die den Mittellosen von Wert sind), fand ich in ihrem Auto gerade noch Platz.

Als erstes erreichen wir ein heruntergewirtschaftetes Hotel, das nun Zimmer für Zimmer an Mieter vergeben wird. In einem der ehemaligen Hotelzimmer treffen wir drei Männer, die früher die Straßen und Plätze Heidelbergs bevölkerten (eine Katze und ein Hund haben auch Asyl gefunden). Eine freundlichliebenswerte Frau, behindert, auch »von der Straße«, kommt hinzu. Der ständige Existenz- und Überlebenskampf hat ihre Gesichter geprägt. Die Begrüßung ist herzlich, offen, achtungsvoll und gilt auch mir, dem Fremden, der einfach mitgekommen ist.

Dörte Klages verwaltet die Sozial- oder Arbeitslosenhilfe der Leute, hat ihnen Sparbücher (mit allerdings minimalen Beträgen) angelegt. Sie zahlt freitags

76

das Geld zum Wochenende aus. Quittieren läßt sie sich das nicht. Vertrauen ist eben Vertrauen, und enttäuscht wurde sie bisher nie. Die Gespräche drehen sich um Alltagsprobleme (»Wo bekommen wir Tüten für den Staubsauger? Wir haben sie schon oft geleert, aber jetzt geht nichts mehr«) und Fragen, ob noch jemand Unterkunft braucht und auch ins Haus passen würde. Als wir wieder auf der Straße stehen, sagt sie mir: »Sie haben hoffentlich die Blumen am Fenster gesehen.«

Es ist ein für sie charakteristischer Satz. Jeder andere hätte wahrscheinlich die relative Unordnung im Zimmer gesehen. Aber sie sieht die Fortschritte, auch wenn Rückschläge natürlich nicht ausbleiben (letzthin hat einer nachts und trunkenen Kopfes die geschenkte Waschmaschine aus dem Fenster werfen wollen und sie dabei demoliert).

Wir fahren weiter, quer durch Heidelberg, besuchen einzeln Wohnende und andere, die zusammen in einer Wohnung leben (mitunter Anlaß für einen gutdotierten Sozialarbeiter, den Leuten die ohnedies spärliche Sozialhilfe zu kürzen, weil sie einen gemeinsamen Haushalt führen). Wir kommen schließlich in eine Wohnung, deren Bewohner alles Sozialamts-Latein widerlegen:

Dörte Klages hatte ihr Interesse für die Wohnung bekundet, als sie frei wurde und noch ehe sie wohnungslose Interessenten hatte. Was tat sie? Sie fuhr zum Bahnhof, zum Pennertreff, und fragte, wer eine Unterkunft brauche. Der Sozialarbeiter im Amt muß ob dieser Vorgehensweise an seiner Berufsausbildung gezweifelt haben (»da muß man erst eine Unter-

suchung machen, ob die auch zusammenpassen«).
Schließlich gelten die Menschen, die wir in der Umgangssprache Penner nennen und die auf den Ämtern als Nichtseßhafte betrachtet werden, als sozial schwierig und schwer einzugliedern.

Dörte Klages hat in einem Gurkenglas Sauerteig mitgebracht. Die Männer wollen Brot backen. Auch hier zahlt sie das Geld zum Wochenende aus, werden Alltags-, Arbeits- und Finanzierungsprobleme besprochen. Auch hier die Frage, wo man neue Staubsaugerbeutel bekomme. Freddy, ein Original aus dem Milieu, hat sich vom ersten Geld einen weißen Anzug und weiße Schuhe gekauft. Er erzählt, wie er sich als neuer Mensch den alten Kumpels und der Bahnpolizei präsentiert. Nur — die Anzugshose müßte gekürzt werden.

Dörte Klages packt die Hose ein, ebenso ein Jackett, an dem eine Tasche festzunähen ist. Auch einen Wohnungsschlüssel nimmt sie mit, da ein neuer Bewohner hinzugekommen ist. Der Mann, tipptopp gekleidet, seit Jahren auf dem Friedhof zu »gemeinnütziger Arbeit« eingesetzt, braucht ein Duplikat.

Das ist die Stärke von Dörte Klages und ihren wenigen Helfern. Sie packen zu, sind tagein, tagaus ansprechbar. Sie gehen mit auf die Ämter und nehmen diese in die Pflicht. Schwierigkeiten gibt es dennoch genug. Da ist vor allem das leidige Finanzierungssystem:

Hat zum Beispiel ein Mann eine Arbeitsstelle in Aussicht, braucht er eine Wohnung. Das heißt: Er benötigt Geld für Miete und Kaution, für Arbeitskleidung, Haushaltsgegenstände und eine Monatskarte der öffentlichen Verkehrsbetriebe. Das Sozialamt übernimmt zwar irgendwann nach Wochen die Kosten (und der Sozialdienst Katholischer Männer und die Johanniter helfen tatkräftig), doch von Fall zu Fall muß das Geld sofort zur Verfügung stehen. Es muß also vorfinanziert werden. Dörte Klages und die anderen haben nicht nur viel Laufereien, sondern auch Geld in die Arbeit gesteckt.

Die unbürokratische Vorgehensweise stellt die städtischen Dienststellen vor große Anpassungs- und Umstellungsprobleme, schließlich beschert Frau Klages erhebliche Mehrarbeit. Doch es ist eben kein Nachteil, aus der besseren Gesellschaft zu stammen: Dörte Klages hat den Oberbürgermeister inzwischen auf ihrer Seite, klärt Probleme auf höchster Ebene mit dem Sozialamtsleiter. Der gute Kontakt ist verständlich: Die Frau schafft die Arbeit mehrerer Sozialarbeiterstellen und entlastet — aus der Perspektive der Behörden — das Stadtbild von Elendsgestalten, die den Touristen den Blick auf die romantische Altstadt vergällen könnten.

Dörte Klages hat Erfolg, weil sie Menschen, die in ihrem Leben schon schlechter als ein Gassenköter behandelt wurden, etwas zutraut. Sie hilft ohne Herablassung. Die Menschen, die ja nicht aus Lust am Vagabundieren, sondern aus Not auf der Straße leben, gewinnen ihre Selbstachtung wieder. Aus den Betreuten von gestern werden selbst Helfer.

Dörte Klages hat aber auch Erfolg, weil sie präsent ist. Wenn sie mit ihrem Mann und Gästen abends einmal ausgeht, kann es passieren, daß sie vor dem Lokal einen Mann oder eine Frau aus der Szene trifft. Dann setzt sie sich zu dem Menschen, auf eine Bank, in einen Hauseingang, und kommt später nach. Doch sie braucht mehr Helfer, Zeichen der Überforderung melden sich: Neulich, als sie endlich einmal wieder im Theater war, ist sie gleich eingenickt.

Der Erfolg wird ihr erfahrungsgemäß Neider eintragen, zumal ihre Arbeit viele professionelle und amtliche Helfer widerlegt: Widerlegt ist beispielsweise die Behauptung, die Leute seien nur im Winter »seßhaft zu machen«, anschließend würden sie doch wieder ausbrechen. Widerlegt sind die Skeptiker, die ihr bedeuten , »so was« gehe nur, wenn auf einen Betreuten ein Betreuer komme (es sei also besser, die Finger davon zu lassen). Widerlegt sind schließlich jene, die die angeblich Nichtseßhaften erst in ihren Einrichtungen resozialisieren wollen, ehe sie in einer fernen Zukunft ins freie Leben entlassen werden.

Drei Tage nach meinem Besuch in Heidelberg habe ich noch einmal mit Dörte Klages gesprochen: Sie hat schon wieder drei Zimmer und sucht Wohnsitzlose, die eine Unterkunft brauchen. Sie ahnt offenbar nicht, daß landauf, landab Sozialarbeiter klagen, für die Penner sei einfach keine Wohnung zu finden.

Hinter Gittern

Die Zellen der oberhessischen Strafanstalt Butzbach heißen im Knastjargon »Wohnklo«. Der Abort steht seitlich der Tür. Ein Tisch, ein Stuhl, ein Bett mit blaukariertem Bezug ergänzen das Inventar. Will der Gefangene aus dem vergitterten Fenster sehen, muß er auf den Tisch steigen.

In einem dieser Wohnklos sitze ich einem Gefangenen gegenüber (nennen wir ihn Hans Müller). Er ist durch Drogenabhängigkeit zum Straftäter geworden, hat Aids, kann nicht mehr zur Arbeit. Tagsüber darf er zwei Stunden auf den Anstaltshof, abends wird die Zelle nochmals zwei Stunden aufgesperrt: »Wenn nicht zwischendurch etwas passiert, wie Besuch oder Termin beim Arzt, sitz' ich hier zwanzig Stunden auf der Bude. Damit ist der Tagesablauf geschildert: zwanzig Stunden Hütte. Und das tagtäglich, monatelang.«

Den aidskranken Häftling quält die Frage, wie lange sein Leben noch dauert: »Ich habe noch einige Jahre Knast zu verbüßen. Und ich bin täglich mit der Ungewißheit konfrontiert, schaff' ich's noch, in einem halbwegs vernünftigen körperlichen Zustand hier rauszukommen? Es geht ja nicht nur mir so. Hier im Haus sind es siebzehn Leute, die betroffen sind. Die große Angst ist es, hier zu sterben, daß sich die Gesundheit so weit verschlechtert, daß man hier echt zugrunde geht.«

Der Aids-Kranke hält es für »absoluten Quatsch«, Drogenabhängige in den Knast zu sperren, seine Begründung: »Hier im Knast gibt's Drogen ohne Ende. Hier gibt's Heroin, hier gibt's Haschisch, hier gibt's alles, was das Herz begehrt. Die Wahrscheinlichkeit, daß hier Gefangene wieder zur Droge greifen, ist wesentlich höher, als wenn man zum Beispiel die Leute gleich zur Therapie lassen würde oder irgendwelche Alternativen hätte zum Strafvollzug.«

Ich habe mehrere Justizvollzugsanstalten besucht, mit Direktoren, Bediensteten und vor allem mit Inhaftierten gesprochen. In allen Anstalten kommen Häftlinge an Rauschgift. Ein Gefangener sagt: »Draußen mußte ich drei Kilometer laufen, heute gehe ich zwei Zellen weiter.« Mindestens die Hälfte der Straffälligen sind im Bau, weil sie Drogen konsumierten, verkauften oder zur Finanzierung ihres Konsums Diebstähle oder Einbrüche begingen.

In einer Gefangenengruppe erzählt mir ein Häftling, wegen einer schweren Erkrankung nicht mehr arbeiten zu dürfen. »Aber Sie rauchen doch«, sage ich, »woher haben Sie das Geld dazu?« Er antwortet zunächst ausweichend, berichtet dann aber, an Geld gekommen zu sein: »Davon kaufe ich Stoff und vertreibe den dann.« Ein Mithäftling: »Also bist du ein Dealer.« Der Angesprochene: »Du mußt es ja nicht so deutlich sagen.« Der Aberwitz dieser Geschichte: Der Dealer ist im Knast selbst abhängig geworden. Jeder zehnte drogenabhängige Häftling, so sagen jedenfalls Gefangene, soll erst im Gewahrsam der Justiz süchtig geworden sein.

Die Kneipe gegenüber der Justizvollzugsanstalt (JVA) Berlin-Tegel heißt »Zur goldenen Freiheit«. Aber auch hinter Gefängnismauern genießen Herren, die mit Stoff ausgestattet sind, goldene Freiheiten: Im Oktober 1990 wurden mehrere Beamte aus westdeutschen Strafanstalten nach Tegel abgeordnet. Sie sollten aushelfen, weil ihre Berliner Kollegen nach der Wiedervereinigung die Ostberliner Anstalten räumten. Unter den Aushilfskräften befanden sich drei Vollzugsbedienstete aus dem rheinland-pfälzischen Zweibrücken. In einem Erfahrungsbericht gaben sie später zu Protokoll, bei vielen Gefangenen herrsche »große Angst vor den Drahtziehern der Drogenszene innerhalb der Anstalt«. Eine Drogenmafia habe alles im Griff. Im Gefängnis seien erhebliche Mengen Rauschgift.

Tegel ist Deutschlands größte Haftanstalt. Mehr als tausend Häftlinge, mit Strafen von drei Monaten bis lebenslänglich, sind hier auf engem Raum eingesperrt. Die rheinland-pfälzischen Aushilfsbeamten erlebten die Haftanstalt als »Eldorado für Drogen, unerlaubte Geschäfte, Erpressung von Gefangenen wie Bediensteten«. Alle aus westlichen Bundesländern abgeordneten Kräfte hätten bekundet, einen solchen »Sauhaufen« wie in Tegel noch nie erlebt zu haben. Kollegen aus Bayern hätten sogar geäußert, nach ihrer Rückkehr sofort eine Dankeskerze zu spenden, daß sie nicht mehr in Berlin zu sein brauchten. Geschockt leisteten die Zweibrücker Beamten Abbitte: »Einer stellte in Aussicht, er wolle sich so schnell nicht mehr über den Dienstplan beschweren. Die anderen erklärten, sie seien glücklich, in die Provinz zurückgekehrt zu sein.«

Im Juli 1990 hatte das Amtsgericht Berlin-Tiergarten über einen Drogenabhängigen zu richten. Im Urteil heißt es, die Vollstreckung der Reststrafe sei zur Bewährung ausgesetzt worden, da es »mit Rücksicht auf die skandalösen Rauschgiftzustände in der JVA Tegel« nicht verantwortet werden könne, ihn durch die Vollstreckung der Freiheitsstrafe »wieder in die Gefahr des Rückfalls von Amts wegen zu schicken«. Es könne nicht Sinn und Zweck der Strafe sein, den Angeklagten »sehenden Auges in die Rauschgiftabhängigkeit durch die Inhaftierung in der JVA Tegel zu schicken«. Mit anderen Worten: Tegel macht süchtig.

Im Sommer 1991 berichtete die Tegeler Gefangenenzeitung *der lichtblick* über die »Drogenmafia« im Haus. Durch verstärkte Kontrollmaßnahmen sei es inzwischen gelungen, die illegalen Drogen zu verknappen. Das habe aber zur Folge, »daß sich des öfteren Gefangene eine Überdosis Heroin drücken, weil sie nicht wissen, wann es das nächste Mal wieder etwas gibt ...« Der Drogenmarkt, so das Häftlingsblatt, sei härter geworden: »Man bekommt jetzt selten noch was auf Kredit, in der Regel muß bar bezahlt werden ... Das Tütchen kostet DM 50, mitunter ist ein Druck auch schon für zwanzig Mark zu haben.«

In einem Gruppengespräch erzählt ein Häftling unwidersprochen, er sei Augenzeuge gewesen, wie ein Häftlingssanitäter (»Sani«) einem Drogentoten die Spritze rausgezogen und sich den Rest selbst gespritzt habe. Ein Gefangener im Einzelgespräch auf der Zelle: »Ungefähr zehn Jahre lang haben die Beamten zugesehen, wie hier gefixt wurde. Und ich selber habe

Leute gesehen, die sich auf der Treppe hier einen Schuß gesetzt haben.«

Ein anderer Gefangener in Tegel glaubt zu wissen, warum Beamte wegsehen: »Wer bekifft ist, ist ruhig.« Ein Butzbacher Häftling: »Manchmal hat man den Eindruck, die Bediensteten sind froh, wenn Drogen im Haus sind, denn dann herrscht Ruhe. Dann gibt's keine Schlägereien, die Gefangenen sind ruhig, ziehen sich zurück.« Die drei Aushilfsbeamten aus Rheinland-Pfalz erklären die Zustände anders. Nach ihrer Erfahrung werden die Bediensteten von Gefangenen eingeschüchtert. Auch sie selbst wurden bedroht: »Es kann passieren, daß du in eine Spritze greifst.«

Der Stoff wird in kleinen Mengen von Besuchern eingeschleust sowie von Gefangenen nach einem Urlaub. Viele werden dazu erpreßt. Insassen berichten, Hafturlauber bekämen Aufträge, wo der Stoff abzuholen sei. Weigerten sie sich, würden sie bedroht: Willst du Prügel? Willst du ein zerschnittenes Gesicht? Die große Menge des Rauschgifts wird vermutlich mit den Lieferwagen eingeschmuggelt, die täglich die Anstaltstore passieren. Ein Insider in der Tegeler Gefangenenzeitung vermutet Drahtzieher in der Beamtenschaft: ».. . die gleichmäßige Versorgung der Anstalt ist nur unter Zuhilfenahme von Justizbediensteten zu erreichen«.

Auch die Zweibrücker Aushilfsbeamten folgerten, nicht jeder Bedienstete könne dem Druck der Mafia standhalten: »In Moabit sitzen derzeit zwei Bedienstete ein, die — ob unter Druck oder einfach um ihr Gehalt aufzubessern — Rauschgift in die Anstalt eingcschmuggelt haben. Es sitzt auch ein Berliner Rechtsanwalt ein, der ... des Einschmuggelns von Drogen überführt worden war.«

Die Abhängigen finanzieren ihren Konsum, indem sie Amulette, Eheringe oder Uhren versetzen. Manch einer geht auf dem Knaststrich anschaffen. Und Mitgefangene werden beraubt. Beschaffungskriminalität im Knast bedeutet, daß selbst noch hinter Gittern Zellen aufgebrochen werden.

Wer nicht zahlen kann, wird terrorisiert. Hinter Knastmauern müssen Drogenschuldner auf besonderen Stationen vor ihren Gläubigern geschützt werden. Zwei Insassenvertreter in Tegel: »Seit Jahren werden Gefangene bedroht, gibt es Schlägereien, Opfer und Täter im anstaltseigenen Rauschgiftgetto. Aufgeschlitzte Körper, Schutzverlegungen, Denunziationen gegen Vergünstigungen ...« Nur Angebote, Perspektiven, Alternativen sowie menschenwürdige Verhältnisse gebe es nicht.

Drogen gibt es, doch es mangelt an Spritzen. Selbst angeschliffene Kugelschreiberminen dienen als Ersatz. Wer im oberhessischen Butzbach eine Spritze leiht, muß ein Päckchen Tabak (Knastjargon: »Koffer«) bezahlen. Ein Häftling: »Hier wird zum Beispiel viel Heroin konsumiert, intravenös, und weil es an Spritzbestecken fehlt, besteht die Gefahr, daß man sich mit dem Aids-Virus infiziert.«

Auch der Tegeler *lichtblick* beklagt, daß es im Gefängnis keine sterilen Spritzbestecke gibt: »... wenn zwanzig Gefangene dasselbe Spritzbesteck benutzen müssen, kann man sich leicht ausrechnen, daß irgendwann jeder Drogenkonsument HIV-positiv wird«.

Bis zu 300 Gefangene in Tegel sollen aidsinfiziert sein.

Nach Meinung der Gefangenen gibt es nur eine Lösung: die Freigabe. Die Tegeler Gefangenenzeitung: »Wenn jeder in der Apotheke Drogen kaufen kann, wird dem illegalen Handel der Boden entzogen.« Neben der Abhängigkeit vieler Häftlinge sieht das Knastblatt aber auch andere Gründe, daß Inhaftierte zu Drogen greifen: Durch Langeweile und schlechte Zukunftsperspektiven kämen mehr Leute zum Drogenkonsum, »als man sich vorstellen kann und möchte«. Drogen sind das Mittel, dem Knastalltag zu entfliehen.

Was der Strafvollzug leisten soll, bestimmt das »Gesetz über den Vollzug der Freiheitsstrafe und der freiheitsentziehenden Maßregeln der Besserung und Sicherung (Strafvollzugsgesetz)«: Im Vollzug »soll der Gefangene fähig werden, künftig in sozialer Verantwortung ein Leben ohne Straftaten zu führen«. Ein weiterer Kernsatz lautet: »Das Leben im Vollzug soll den allgemeinen Lebensverhältnissen soweit als möglich angeglichen werden.«

Das Strafvollzugsgesetz ist 1977 mit dem Versprechen in Kraft gesetzt worden, den Inhaftierten einen angemessenen Arbeitslohn zu zahlen und sie in die Kranken- und Sozialversicherung aufzunehmen. Der Zeitpunkt, wann dies geschehen solle, blieb damals allerdings offen — bis heute.

Die Häftlinge arbeiten für einen Sklavenlohn, der zwischen fünf und zehn Mark *pro Tag* liegt. Davon wird ein Drittel als »Rücklage« für die Entlassung einbehalten. Doch wer nichts verdient, kann die Familie nicht unterhalten, kann keine Schulden abbauen, steht nach der Haft nahezu mittellos auf der Straße. So erklären sich viele Rückfälle.

1991 startete die Gefangenenzeitung der JVA Schwerte eine Umfrage »betreffend Arbeit im Strafvollzug«. Das bayerische Staatsministerium der Justiz antwortete den Redakteuren nicht, sondern informierte den Schwerter Vollzugsleiter, er möge ihnen mitteilen, daß die Fragen »aus grundsätzlichen Erwägungen nicht beantwortet werden«. Aus Sachsen kam eine weniger arrogante und trotzdem bedrückende Reaktion: Man habe das Problem, »überhaupt Arbeit für die Inhaftierten zur Verfügung stellen zu können«.

Nach dem Gesetz soll der Vollzug dem Gefangenen helfen, sich in das Leben in Freiheit einzugliedern. Doch in der Praxis verkomme die »Eingliederungshilfe« zur »organisierten Entwürdigung«, wie mir ein Gefangener schrieb.

In einer Anstalt traf ich einen Abteilungsleiter, der mit den Gefangenen wie ein Hundeführer sprach: »Ab!«, »Fort!«, »Geh!« Nur der Befehl »Platz!« fehlte. Manchmal werden Besucher an der Pforte wie Komplizen oder Geschmeiß abgefertigt. In der bayerischen JVA Straubing erwiderte der Pfortendienst weder ein »Grüß Gott!«, noch sagte er irgend etwas. Ich wurde stumm abgefertigt.

Einfache Regeln des Anstands sind außer Kraft gesetzt. Beamte stürzen ohne anzuklopfen in die Zellen, manche reden sogar auf Gefangene ein, die gerade auf dem Klo sitzen. Es gibt keinen Häftling, den dies nicht verletzte. Ein Anstaltsleiter, der nicht genannt sein möchte, sagt über seine Beamten: »Der einzige, der anklopft, bin ich. Und deshalb werde ich schief angesehen.«

In der Anstalt ist alles reglementiert, nirgends hat der Gefangene etwas zu entscheiden. Selbst das Essen wird von Häftlingen, sogenannten Ausspeisern, auf die Zelle serviert (Knastjargon: »Zimmerservice«). Ein Häftling, seit dem fünften Lebensjahr in Heimen aufgewachsen: »Es ist wie in einem großen Heim.« Für alles und jedes müssen sie ein »Anliegen« schreiben, das in der Regel ohne Begründung abgelehnt wird. Urlaubsbescheide werden mitunter am Vortag eröffnet, Verlegungen zum Frühstück bekanntgegeben. Ein Häftling sagt: »Du wirst behandelt wie ein Idiot, hast nur an der Schnur zu laufen.« Der Gefangenensprecher der westfälischen Anstalt Werl meint: »Außer dem Toilettenknopf können wir nichts selbst betätigen.«

Das Gefängnis zerstört die letzten Bindungen nach draußen. In Werl haben von rund 750 Gefangenen nur noch zehn Prozent Kontakte zu Ehefrau oder Lebensgefährtin. Beziehungen zu Eltern, Geschwistern, Angehörigen bestehen bei weiteren dreißig Prozent, wenn auch manchmal nur sehr locker. Sechzig Prozent haben überhaupt keine familiären Kontakte mehr. Es sind Knastwaisen, eingesperrt, weggeschlossen, sich selbst überlassen: »Abends«, sagt ein Häftling, »steht onanieren an.« Als Klaus Koepsel, viele Jahre Anstaltsdirektor in Werl, für die wenigen Gefangenen, die noch Außenkontakte haben, unbewachte Langzeitbesuche durchsetzte (»Liebeszellen«), warfen ihm erboste Beamte die »Bordellisierung« des Knasts vor.

Nach dem Strafvollzugsgesetz hat der Gefangene ein Recht auf Besuch: »Die Gesamtdauer beträgt mindestens eine Stunde im Monat. Das Weitere regelt die Hausordnung.« Die Besuche sind oft vierzehn Tage vorher zu beantragen und müssen genehmigt werden. Mitunter sitzen dann fünfzig Leute in einem Raum. Manche Gefangene sind in dieser Situation so gehemmt, daß sie auf einem Zettel vorher aufschreiben, was sie ihrem Besuch sagen wollen.

Daß der Knast voller Drogen ist, wird — wie in Tegel — offiziell verharmlost. Aber die Besucher werden wie Drogenkuriere gefilzt. Die Knastzeitung *der lichtblick* schrieb in einem bitteren Kommentar: »Die Besucher werden vorgeführt wie die Schafe zur Schlachtbank. Schuhe ausziehen, sonst können sie ihren Mann nicht sehen. BH abschnallen, oder sie müssen wieder nach Hause gehen ... Kleinen Kindern wird von dem uniformierten Onkel oder der beamteten Tante zwischen die Beine gegriffen.« Der Tegeler Gefängnispfarrer Rainer Dabrowski meint: »Es hat mal neulich jemand gesagt, wenn ich hier homosexuellen Kontakt haben möchte, kann ich mir ein Kondom geben lassen vom Sani. Wenn ich aber in der Sprechstunde meine Partnerin umarme, wird die Sprechstunde abgebrochen.«

Im Knast sitzen keine geborenen Verbrecher. Keiner wurde als Killer, Bankräuber oder Geiselnehmer geboren. Doch die Lebensläufe gleichen sich: zerrüttete Familien, mangelnde Schulbildung, Analphabeten darunter, Gefangene mit Sprachfehlern und Minderwertigkeitsgefühlen. Im Gefängnis entladen sich die aufgestauten Aggressionen. Die Gewalt wird durch größeren Druck begrenzt: Bunker, Isolation, Verlegung — bis zum nächsten Mal.

Über die Untersuchungshaft in Frankfurt-Preungesheim berichtet ein Häftling: »Wenn sich einer an den Pulsadern rumschneidet, kommt er erst mal in den Bunker: Bis auf die Unterhose nackt, Essen wird ohne Besteck in einer Plastikschüssel auf den Boden gestellt. Die Bunkerzellen sind gut heizbar, und wenn einer vom Dort-eingesperrt-Sein noch nicht ›beruhigt‹ ist, wird abwechselnd heiß und kalt gedreht, bis er erschöpft und ›beruhigt‹ ist.«

Hermann Kipper, Leiter dieser Untersuchungshaftanstalt, beklagt dagegen die Überbelegung mit »Kurzstrafigen«, die nicht ins Haus gehörten. Zu oft demonstriert die Justiz Härte gegen Kleinkriminelle (»Eierdiebe«), schickt sie Autofahrer ohne Führerschein, sogar Bettler, die als Schwarzfahrer erwischt wurden, ins Gefängnis. In München wurde ein Bauarbeiter zu sechs Monaten Haft ohne Bewährung verurteilt, weil er im Supermarkt zwei Schachteln Zigaretten in den Hosenbund gesteckt hatte.

In Deutschland werden zu lange Haftstrafen ausgesprochen. Hohe Strafen bringen aber dem Bürger keineswegs mehr Sicherheit. Im Gegenteil: Die Perspektivlosigkeit überlanger Strafen verführt Häftlinge zu Verzweiflungstaten wie Geiselnahmen. Menschen, die infolge von Bindungsunfähigkeit oder mangelnder Ich-Stärke straffällig wurden, werden nicht »gebessert«, indem man sie noch einmal demütigt. So lernen sie nie und nimmer, Verantwortung zu tragen.

In den deutschen Justizanstalten sitzen rund 60 000 Häftlinge (dies kostet den Steuerzahler täglich etwa sechs Millionen Mark). Knast ist Männersache, der Anteil der Frauen liegt unter fünf Prozent. Der größte Teil der Inhaftierten hat keine Chance, Schuld und Schulden abzubauen, Schaden wiedergutzumachen.

Ein Beispiel stumpfsinnigen Vollzugsdenkens ist der Fall des aidskranken Hans Müller. Müller schlägt vor, drogenabhängige Straftäter gemeinnützig tätig werden zu lassen: »Ich würde gern nach meiner Entlassung in der Aids-Hilfe mitarbeiten. Es gäbe meinem Leben Sinn, jemandem helfen zu können, dem es schlechter geht als mir. Auf jeden Fall gäbe das mehr Sinn, als hier herumzusitzen und zu warten, daß ich sterbe.«

Der Aids-Kranke wurde eine Woche nach meinem Besuch aus der JVA Butzbach entlassen. Drei medizinische Gutachten bescheinigten ihm Haftunfähigkeit. Doch die bayerische Justiz fing ihn in Butzbach ab und brachte ihn in der JVA Bernau erneut hinter Schloß und Riegel, weil in Bayern noch ein Verfahren offen war.

Die letzte Nachricht über ihn erhielt ich Ende Dezember von einer Sozialpädagogin der Münchner Aids-Hilfe: Hans Müller geht es inzwischen so schlecht, daß er in eine Klinik nach Gauting verlegt werden mußte. Doch die Haft des Sterbenskranken gilt nur als unterbrochen, nicht als beendet. Die Tage im Krankenhaus muß Müller später im Strafvollzug nachsitzen — wenn er dann noch lebt.

Die Gifthexe und der Ehrenmann

Sie durchtanzte die Nächte in den Winkelkneipen der bombenzerstörten Stadt Worms, vernachlässigte ihre Kinder und mordete drei Menschen, um alle Hindernisse ihrer hemmungslosen Lebensgier zu beseitigen. So schildert Hildegard Damrow in ihrem Buch »Frauen vor Gericht« die dreifache Mörderin Christa Lehmann. Vor 41 Jahren, am 22. September 1954, verurteilte ein Mainzer Schwurgericht die damals 31jährige zu dreimal lebenslänglich.

Christa Lehmann wurde zum Sensationsfall, weil sie ein bis dahin unbekanntes Gift verwendet hatte: das Pflanzenschutzmittel E-605. Es wurde, obgleich von gräßlicher Wirkung, auf Jahre zum Modegift, von Mördern wie Selbstmördern benutzt. Nach den Motiven der Frau wurde nicht geforscht, galt sie doch als Inkarnation des Bösen.

Christa Lehmann war fünf Jahre alt, als ihr Vater zum zweiten Mal heiratete. Mit elf Jahren besucht sie erstmals ihre Mutter — in der Heil- und Pflegeanstalt. Die Großmutter hatte sie heimlich mitgenommen. Der Vater, selbst ein Heimkind, erfährt davon und prügelt sie durch die Wohnung. Christa, die stets die Kleider ihrer älteren Schwester auftragen mußte, heiratet mit 21 Jahren einen Fliesenleger. Die Hochzeitsnacht verbringt er mit einem Buffetfräulein, die Braut schläft bei der Schwester im Bett.

Die Männer ihrer engsten Umgebung schlagen und saufen. Abends sitzt die junge Frau zu Hause, das Herdfeuer dient als Beleuchtung, und manchmal fehlt sogar der Brennstoff. Um zwei in der Nacht kommt der Ehemann nach Hause, stinkt nach Alkohol und süßem Parfüm. Dreimal läuft sie weg, dreimal wird sie zurückgeholt. Verständnis hat nur die Schwiegermutter. Als die alte Frau ans Sterben kommt, überdenkt sie ihr eigenes verpfuschtes Eheleben und gibt ihrer Schwiegertochter den Rat: »Wenn ich in deinen jungen Jahren wär', ich gäbe dem Alten was ins Fressen.«

Christas Vater, ein Hobbygärtner, macht sie ungewollt auf das Pflanzenschutzmittel E-605 aufmerksam. »Paß Obacht«, warnt er, »daß die Kinder nicht drangehen. Die können dran sterben.« Im Herbst 1952 mischt sie ihrem Mann das Gift in die Frühstücksmilch, ein Jahr später dem Schwiegervater in den Joghurt. Die Morde an den beiden tyrannischen Männern bleiben unentdeckt, verführen, Probleme weiterhin mit Gift zu lösen. Da ist die Mutter ihrer Freundin im Weg, die Verdacht geschöpft hat. Christa Lehmann präpariert eine Praline mit E-605, die jedoch die Freundin ißt. Christa Lehmann wird verhaftet, verurteilt.

Im Knast in Neuwied tut sie alles, sich selbst zu bestrafen. Sie versucht, sich umzubringen, schluckt Nägel, Stricknadeln und Bleireste, kommt mit einer Bleivergiftung in die Klapsmühle. 1971 wird sie ins hessische Frauengefängnis nach Frankfurt verlegt. Helga Einsele, die bedeutendste Strafvollzugspraktikerin der Bundesrepublik und couragierter als ihre

männlichen Kollegen, ist hier Direktorin. Ihre Lebens-
erfahrung sagte ihr, daß Vertrauen bindet. Charakte-
ristisch für sie, daß sie einmal mit Christa Lehmann
und anderen »Lebenslänglichen« einen Ausflug unter-
nahm und bei einer Rast einschlief. Keine der Frauen
wäre auf die Idee gekommen, abzuhauen.

Helga Einsele hat mich damals mit den Akten ihrer
prominentesten Gefangenen in einen Raum einge-
schlossen, damit ich sie ungestört lesen konnte. Viele
Wochenenden, heute undenkbar, verbrachte ich auf
der Abteilung der »Lebenslänglichen«. Christa Lehmann, der ja ausschließlich Negativ-Eigenschaften
zugeschrieben wurden, war sich damals selbst unheimlich. Nun konnte sie über sich reden, sich öff-
nen. Eine gedemütigte Frau hatte sich in einer extre-
men Situation extrem gewehrt. Das soll drei Morde
nicht entschuldigen. Heute gibt es jedoch Frauenhäu-
ser, in denen geschlagene Frauen Zuflucht finden,
Trennung und Scheidung sind leichter als in den
Nachkriegsjahren. So wird sich der Fall Christa Lehmann kaum wiederholen.

Nach 23 Jahren Haft kam sie 1977 unter einem
anderen Namen in Freiheit. Eine Gefangenenhilfs-
organisation verriet dies umgehend einer Illustrierten.
Die Versuche der Sensationspresse, Christa Leh-
manns Identität zu lüften, haben ihr lange zu schaffen
gemacht. Einmal tauchte eine ehemalige Mitgefangene am Arbeitsplatz auf, schrie, ob man nicht wisse,
daß hier die Giftmörderin Lehmann beschäftigt sei.
Die böse Absicht hatte gute Folgen: Nun wußten alle
Bescheid, und da die Kollegin geschätzt wurde,
passierte nicht, was in solchen Fällen sonst passiert.

Christa Lehmann blieb, bis zu ihrer Pensionierung. Danach half sie noch oft in ihrem alten Betrieb aus. Seit 17 Jahren ist sie nun in Freiheit, nahezu konfliktfrei.

In die Kriminalgeschichte ist Christa Lehmann als Ausbund des Bösen eingegangen. Der psychiatrische Sachverständige, so steht es im Urteil, bezeichnete sie als gefühlskalt. Niemand fragte, was der gutachtende Professor in der Vergangenheit getan hatte. Er war 1937 Direktor einer hessischen Heil- und Pflegeanstalt geworden. In den Jahren, da Geisteskranke durch Unterernährung und Medikamente »euthanasiert« wurden (Todesursache: Lungenentzündung), waren in seiner Anstalt Hunderte der Patienten gestorben, meist an »Lungenentzündung«.

Christa Lehmann hat drei Menschenleben auf dem Gewissen, ihre Schuldgefühle zerfleischten sie fast. Der sie begutachtende Professor empfand keine Verantwortung für den hundertfachen Tod seiner Patienten. Christa Lehmann ist in die Kriminalgeschichte als Gifthexe eingegangen, der Professor starb als Ehrenmann.

Nur mit Rücknahmegarantie

Eine Frau, altgeworden. Sie kommt mit sich und der Umwelt nicht mehr zurecht. Zumindest zeitweise. Ein Nervenarzt untersucht sie, stellt fest, daß sie ambulant nicht zu behandeln ist. Er schreibt eine Überweisung aus, die Krankenkasse übernimmt die Kostenzusage. Ein normaler Vorgang.

Es ist nicht das erste Mal, daß die Frau in Behandlung gewesen ist. Nach einigen Aufenthalten in psychiatrischen Anstalten war sie irgendwann vor mehr als zwanzig Jahren in ein Sanatorium gekommen, wo es ihr gefiel. Ein Sanatorium, ganz ohne den Charakter vieler psychiatrischer Anstalten. Keine Massensäle, Privatatmosphäre, Blumen auf den Tischen. Die alten Gebäude liegen inmitten eines zu allen Jahreszeiten schönen Parks, wo im Herbst die Patienten, die die Station verlassen dürfen, Eßkastanien auflesen.

In den mehr als zwanzig Jahren ist sie in diesem Sanatorium fünf, sechsmal gewesen. Es waren Ruhepausen, Zeiten des Erholens, des Abstandgewinnens. Manchmal wäre sie lieber dort geblieben, als zurück in die Wohnung zu gehen. Des öfteren ist sie auch einmal so zu Besuch gekommen. Sie wurde freundlich aufgenommen, war gerne gesehen, und manchmal wurde sie vom Personal auch zu Hause in ihrer Wohnung besucht. Man braucht weiter nicht viel zu sagen: Es handelt sich um eine nicht gerade alltägliche Einrichtung.

Nach all den guten Erfahrungen wollte die alte Frau begreiflicherweise auch dieses Mal nicht in eine x-beliebige Klinik, sondern in das vertraute Sanatorium, das in all den Jahren Schutz geboten hatte, Zuwendung, Menschsein. Ich übernahm es, telefonisch anzufragen, wann sie kommen könne, denn die Einrichtung ist, das läßt sich leicht erraten, gut belegt — wie es in der Fachsprache heißt —, viele Patienten müssen lange, oft Monate, auf ein Bett warten.

Ich rief also an. Die Zentrale stellte mich an eine Dame durch, die für die Aufnahmen zuständig ist. Die Dame fragte nach den Personalien, fragte, ob eine Kostenzusage der Krankenkasse vorliege, und dann fragte sie mich: Wie alt ist denn die Frau?

Nach all dem Gesagten wird man mir abnehmen, daß ich völlig ahnungslos, ohne mir irgend etwas zu denken, sagte: 78 Jahre. Die Dame stockte kurz, dann entfuhr ihr leise, aber unüberhörbar ein Stoßseufzer: »O Gott!« Ein Ausruf, der in einer, das habe ich bisher nicht erwähnt, christlichen Einrichtung, noch einmal seinen besonderen Sinn gewinnt.

Der Ärger und Zorn, der in mir aufkam, wird verständlich sein. Ich suchte meine Verärgerung jedoch, so gut es ging, nicht deutlich werden zu lassen. Schließlich ging es ja darum, die alte Frau in der von ihr geliebten Einrichtung unterzubringen. Also redete ich: Wie oft sie dort gewesen sei, wie gut es ihr gefallen habe, daß die Oberin selbst sich um die alte Frau gekümmert habe und was mir so alles in diesem Moment einfiel.

Die Dame, die für die Aufnahmen zuständig war, ließ sich zwar nicht sonderlich beeindrucken, aber sie ließ mit sich handeln. Sie erzählte mir, wenn ich es richtig in Erinnerung habe, daß man bei so alten Leuten nie recht wisse, ob es gut gehe, ob sie krank werden, vielleicht gar sterben. Und das sei doch für die Mitpatienten nicht zumutbar. Vielleicht erinnere ich mich aber auch nicht richtig, weil das nächste, das sie sagte, mir die Sprache verschlug. Mich wortlos machte, zornig, bitter, wütend werden ließ. Sie fragte mich nämlich, ob ich eine Rücknahmegarantie abgeben könne, die alte Frau sofort wieder abzuholen, wenn man es wünsche.

Das Wort »Rücknahmegarantie« haftet so in meinem Gedächtnis, daß ich alles andere nur noch schlecht in Erinnerung habe. Denn in diesem Moment dachte ich nur noch daran, daß in manchen Werbeangeboten zu lesen steht, daß man bei Nichtgefallen die bestellte Ware innerhalb einer bestimmten Frist wieder zurückgeben kann, daß die Rücknahme garantiert ist. Ich habe dann, traurig, deprimiert, niedergeschlagen, das Gespräch möglichst rasch beendet.

Ich habe drei Wochen gebraucht, ehe ich mich überwunden hatte, die notwendigen Unterlagen brieflich einzureichen. Die alte Frau ist schließlich auch in dem geliebten Sanatorium untergekommen und es hat ihr wieder so gut gefallen, daß sie am liebsten dortgeblieben wäre. Gleichwohl habe ich den Stoßseufzer »O Gott« noch im Ohr, als ich sagte, die Frau sei 78 Jahre. Und ich werde in Erinnerung behalten, daß ich eine Rücknahmegarantie abgeben mußte, denn ich muß gestehen, mich hat das Erlebnis verstört: Wenn schon in einer so gut geführten Einrichtung ein alter Mensch so eingestuft wird, was habe ich dann zu erwarten, wenn ich selbst alt sein werde?

Alle Gedanken kreisen um die Selbst-Entsorgung

Wütende Reaktionen habe ich bei Tabu-Themen oft erlebt. Wer jedoch die Praktiken des selbsternannten Sterbehelfers Hans Henning Atrott und seiner *Deutschen Gesellschaft für humanes Sterben* angriff, mußte mindestens mit unflätigen Beschimpfungen rechnen. Es waren Leute dabei, die sonst kein gestörtes Verhältnis zur Realität haben. Die gereizten Reaktionen lassen sich aus der Angst vor dem Sterben erklären. Und Atrott versprach ja, bei der Mitgliedschaft in der Gesellschaft für angeblich humanes Sterben eine Broschüre mit Sterbetips zuzusenden. Daß der Selbsttötungshelfer Atrott zudem mit Zyankali dealte, lasse ich erst einmal beiseite.

Eine der vielen Kunden der Selbsttötungs-Gesellschaft ist eine von mir sehr geschätzte Professorin. Traurig schrieb mir die achtzigjährige Frau, sie habe keinen ganz nahestehenden Menschen mehr. »Ich glaube«, schrieb sie, »jeder alte Mensch denkt sehr oft, vielleicht immerzu an den Tod.« Die allermeisten alten Leute hätten nicht Angst vor dem Tod, sondern vor dem körperlichen und menschlichen Verfall. Alle alten Leute wären sehr viel glücklicher, wenn sie wüßten, daß sie eines Tages nur ihren Arzt um eine Spritze bitten müßten, wie man sie vor der Vollnarkose bekomme.

Die Gedanken der alten Hochschullehrerin kreisen darum, wie sie einmal ihr Leben beenden kann. Vor Jahren hat sie deshalb eine Schußwaffe beantragen wollen, vorgeblich zu ihrem Schutz auf einsamen Spaziergängen. Doch die Beamten ließen sie nicht einmal ein Antragsformular ausfüllen. Eine Schreckschußpistole genüge, meinten sie.

So abgeblitzt, schwindelte sie daraufhin einem Arzt vor, ihr Schlafmittel wirke nicht mehr, sie brauche ein richtiges Schlafmittel. Doch der Arzt gab ihr nur ein ähnliches Mittel, untauglich, sich damit umzubringen. Die Professorin, deren Veröffentlichungen durch klare Verstandesarbeit überzeugen, überlegte nun allen Ernstes, sich einen starken Strick zu kaufen. Wenn es soweit wäre, würde sie sich in ihrem Haus aufhängen. Sie wollte dies an einem Wochenende tun und zugleich die Polizei brieflich benachrichtigen und bitten, ihre Leiche unter Schonung der Nachbarn herauszuholen.

»Aber dann«, schrieb sie mir, »studierte ich die Broschüre, die ich von der Deutschen Gesellschaft für humanes Sterben bekommen hatte, und fand, daß mir zwar alle angeführten Mittel, weil rezeptpflichtig, praktisch unzugänglich sind, es aber im Ausland vielleicht etwas frei gibt.« Solch ein Mittel hat sie jetzt im Schrank liegen, zu ihrer Beruhigung und Stärkung. »Es interessiert mich nicht«, heißt es am Ende ihres Briefes, »was Herr Atrott sonst macht, mir hat diese Broschüre gedient, sie hat mir eine Kenntnis vermittelt, auf die ich ein Menschenrecht zu haben glaube.«

Diese Zuversicht ist trügerisch. Eine Zyankali-Botin Atrotts schrieb mir über ihre Kundschaft: »Die meisten hatten Schuhkartons voll von gesammelten Medikamenten.« Die Medikamenten-Mixtur zeigt nicht in jedem Fall die gewünschte Wirkung, die im Ausland gekauften Mittel sollen nicht zuverlässig sein. Dies war wohl einer der Gründe, Zyankali als wirklich tödliches Mittel zu verkaufen. Doch auch Zyankali hält nicht, was sich die Konsumenten versprachen: Es wirkt nicht immer tödlich, wie Fachleute aus der Praxis berichten, und von einem humanen Sterben könne bei diesem Gift ohnehin nicht die Rede sein.

Die Sterbehilfediskussion reduziert das Leben auf die Selbstbeseitigung. Es ist die Unterwerfung unter ein Denken, wonach Menschen, die alt, gebrechlich oder unheilbar krank sind, ein lebensunwertes Leben führen, nur noch Geld kosten. Wer dieses Denken verinnerlicht hat, muß sich selbst als Zumutung empfinden. Die Freitod-Bewegung, die so gerne vom selbstbestimmten Sterben redet, unterwirft sich einer Art Sozialdarwinismus, wonach die Erde den Durchsetzungsfähigen gehört. Soziale Auflösungserscheinungen deuten sich an: Weil die Sozialgemeinschaft ihre Kranken und Pflegebedürftigen nur noch unvollkommen bis katastrophal versorgen kann oder will, besorgt der einzelne seine Selbst-Entsorgung. Die Geringschätzung alter oder pflegebedürftiger Menschen ist eine Realität. Wenn wir nichts dagegen tun, werden wir alle ein Opfer dieses Denkens. Vor dem Altwerden kann sich nämlich niemand drücken. Sterben muß jeder.

»Na, lebst du noch?«

Eines Tages rief er an. Wir hatten uns lange nicht mehr gesehen, und er fragte, ob wir uns nicht mal treffen könnten. Er sei gerade auf der Durchreise und könnte, wenn ich Zeit hätte, vorbeikommen.

Eine Stunde später klingelte es. Er kommt die Treppe hoch, in einem dunklen Anzug, wie man ihn zu Beerdigungen anzieht. Ich begrüße ihn, sage, wie man Sätze eben einfach sagt: »Na, lebst du noch?« Er sieht mich fast vergnügt an, lächelt, erklärt mir, daß er von einer Trauerfeier komme. »Ja«, berichtet er, »ich habe mir den Anzug zu einer Beerdigung erstanden, und meine wird auch bald sein. Ich habe Magenkrebs.«

Ich halte das für einen Scherz, denn der berufliche Umgang mit Leid und sozialem Elend hat ihn oft sarkastisch sein lassen, um all das aus- und fernzuhalten, was ihm an immer neuen Schicksalen bekannt wurde. Wir setzen uns, und er erzählt, daß er Darmkrebs habe und die Metastasen schon in der Lunge und im ganzen Körper seien. Sehr lange dauere es nicht mehr.

Wir haben diesen Tag, ich weiß nicht, ob das jedem verständlich ist, sehr vergnügt verbracht. Er hatte einen künstlichen Darmausgang, das heißt, daß der Stuhlgang in einen aufgeklebten Beutel auf der Bauchdecke entleert wird. Dennoch gingen wir essen.

Zuerst hat mich die Offenheit, mit der er über seinen Tod sprach und wie selbstverständlich er damit umging, geschockt. Ich dachte, das Essen im Speiselokal würde mir nie und nimmer schmecken. Doch seine Offenheit hat es mir leichtgemacht, daß ich nicht bedrückt, verkrampft das Unabänderliche aus dem Gespräch ausklammerte. Es hatte nie etwas zwischen uns gestanden, und nun stand auch der bevorstehende Tod nicht zwischen uns — wobei ich nicht sicher war, ob er wirklich vor mir sterben würde.

Denn wir glauben ganz selbstverständlich, daß wir leben und leben. Dabei brauchen wir nur zur Arbeit zu fahren, zum Einkaufen wegzugehen oder in die Ferien aufzubrechen und können nie sicher sein, daß nicht ein Unfall unserem Leben ein Ende setzt. Er, der mir da gegenübersaß, wußte, er hatte noch neun, vielleicht fünfzehn Monate zu leben. Aber was wußte ich schon von meinem eigenen Tod? Die Redefloskel »Na, lebst du noch?« ist uns geläufig, wie oft habe ich sie schon dahingesagt und wie wenig darüber nachgedacht. In der Schule, als ich fünfzehn Jahre alt war, da hatten wir einen Lehrer, den wir wegen seiner Lebensweisheiten, die er uns beibringen wollte, oft verspotteten. Ich kann mich gut erinnern, daß er uns eindringlich mahnte, nie im Zorn von Zuhause wegzugehen, weil es der letzte Abschied sein könnte. Gehe man im Zorn, dann sei dies die letzte Erinnerung, die die Überlebenden später quälten.

Die Geschichte erinnert mich nun daran, wie verschwenderisch wir mit Freundschaften umgehen, wie selbstverständlich wir davon ausgehen, daß die, die wir gern haben, immer für uns erreichbar sind.

Es ist noch nicht lange her, da starb ein Freund von mir. Er war über 80 Jahre alt. Natürlich wußte ich, daß er nicht ewig leben würde. Und er erinnerte oft genug daran, nicht wie alte Menschen das manchmal tun, als Drohung: »Dann seht ihr, was ihr an mir gehabt habt«, sondern als einer, der den Tod nicht verdrängen muß, weil er gelebt hat. Er hatte ein erfülltes Leben, und ich wollte an seinen Erfahrungen, an seinem Leben, an seinem Zugewandtsein möglichst lange teilhaben. Das war der Grund, an seinen Tod nicht zu denken, ihn zu ignorieren. Eine Haltung, die sicher verständlich ist. Diesem Freund gegenüber hätte ich aber sicher nicht gesagt: »Na, lebst du noch?«

Wenn ich es mir überlege, so bin ich dem tagtäglich verübten Denkfehler unterlegen, daß wir den Tod, das Sterbenmüssen, weitgehend ausklammern, allenfalls bei alten Menschen daran denken. Wir denken aber selten oder nie daran, daß dieser Tag heute der letzte sein kann.

Der ungewöhnliche Totengräber

Als er sein 25jähriges Dienstjubiläum hatte, wollte ich eine Reportage über ihn machen, doch er wollte das nicht. Seit 25 Jahren arbeitet er auf dem Friedhof, und weiß Gott, es gibt fröhlichere Berufe. Kein Wunder, wenn sie saufen. Zweimal die Woche wird beerdigt. Da geht es wie am Fließband. Der Pfarrer kommt, zieht sich im evangelischen oder katholischen Umkleideraum die Trauergewänder an, die Trauernden warten, dann die Trauerfeier, dann läutet die Friedhofsglocke, dann geht das Tor auf, mein Jubilar nimmt das Kreuz, zieht vorneweg, und die anderen ziehen den Wagen mit dem Sarg. Und dann halten sie am Grab, der Pfarrer spricht noch ein paar Worte. Und dann gehen sie zurück, zur nächsten Beerdigung.

Doch davon will ich nur am Rande reden. Ich will von dem Mann reden, der nun 25 Jahre auf dem Friedhof seinen Dienst tut. Denn der Mann weiß gar nicht, was er für ein Mann ist. Neugierig wurde ich auf ihn, als ich hörte, daß sie da einen dabei haben, der schwachsinnig ist. Er tut seine Arbeit, aber er ist lebensuntüchtig. Läßt man ihn einfach gehen, wäscht er sich nie. Und seine Klamotten wäscht er natürlich auch nie. Und deshalb stellen ihn die Kollegen ab und zu unter die Dusche, damit er sauber wird, und nehmen abwechselnd die Kleider zum Waschen mit nach Hause. Dieses Verhalten ist denn doch ungewöhnlich.

Der Mann, der seit 25 Jahren auf dem Friedhof arbeitet, hat eine seelisch kranke Frau. Und die kam eines Tages in die Psychiatrie, und nach vielen Wochen kam sie dann wieder. Während andere mühsam zu verheimlichen suchen, daß der Ehepartner oder ein naher Angehöriger in der Klapsmühle ist, man verzeihe den Ausdruck, aber von einem Psychiatrischen Landeskrankenhaus reden Nachbarn nun einmal nicht, tat der Mann vom Friedhof etwas ganz anderes.

Er schmückte sein Auto mit Blumen, wie es nur Brautpaare tun, wenn sie zur kirchlichen Trauung vorfahren, und fuhr mit diesem Auto zur Psychiatrie, nahm seine Frau in den Arm, setzte sie neben sich auf den Vordersitz und steuerte schnurstracks sein Dorf an, in dem beide zu Hause sind. Als beide das Ortsschild passierten, begann er auf die Hupe zu drücken, und hupend fuhren sie die Hauptstraße entlang. Er winkte den Dorfbewohnern zu, lachte, freute sich, rief ihnen zu, meine Frau ist wieder da, sie ist wieder da, seht, da ist sie.

So ein Mann ist das, der da auf dem Friedhof seinen Dienst tut. Holt seine Frau wie eine Braut ab, trommelt den Ort zusammen, lädt die anderen zu einem Fest ein, mitzufeiern, daß sie aus der Psychiatrie heimgekehrt ist, erzählt allen, wie er jetzt sich freut, und wie das war, als sie in der Klapse war, und wie es nun sein wird.

Jedes Jahr überlegt er, sich vom Friedhof wegzubewerben, eine andere Stelle anzunehmen — und viele Pfarrer beknien ihn dann, doch zu bleiben. Denn er ist eine einfache, gute Seele. Ich habe ihn ein paarmal getroffen. Beim ersten Mal zeigte er mir stolz, wie das funktioniert, wenn er auf den Knopf drückt und der Sarg dann hochkommt und wo man den Knopf drückt, damit das Tor aufgeht und die Glocken läuten. Und daß er eigentlich verpflichtet ist, beim Begräbnis vom Sozialamt die Trauerkübel mit den immergrünen Sträuchern wieder rauszunehmen, weil auch bei der Beerdigung die sozialen Unterschiede nicht aufgehoben sind, selbst die Kübel noch nach Bezahlung aufgestellt werden. Und manchmal hilft er auch der Kirche, die konfessionellen Schranken abzubauen. Denn es kommt häufiger vor, als man denkt, daß der Pfarrer fehlt, wenn die Trauernden ihren Verstorbenen beerdigen wollen. Dann redet der Mann vom Friedhof mit dem Pfarrer oder der Pfarrerin, die zu früh sind oder ihre Beerdigung schon hinter sich haben. Und so sind auf diesem Friedhof schon Katholische vom evangelischen Pfarrer und Protestanten schon vom Priester beerdigt worden. Da werden ihm dermaleinst, wenn er selber beerdigt wird, auch die Schnäpse und Biere verziehen sein, die er zwischendurch zu sich nimmt, seinen Seelentrost, denn er ist ein einfacher Mann. Und niemand fragt ihn, wie er damit fertig wird, tagein, tagaus mit Trauernden umzugehen.

NS-Protokolle

Wenn der SS-Arzt kam

Ruth Preissler ist eine von etwa 400 000 Menschen, die während der Nazi-Herrschaft zwangssterilisiert wurden. Die jüngsten Opfer waren damals zwei Jahre alt, die ältesten weit über siebzig. Jetzt, nach 50 Jahren, bekommt sie zum erstenmal einen »Härteausgleich«.

Ruth Preissler wurde 1920 geboren. Die Mutter ist Krankenschwester in Berlin, der Vater ein jüdischer Arzt, den die Mutter nicht heiraten mag. Die »nichtarische« Abstammung bleibt geheim. Das Kind wächst bei den Tanten im hessischen Dieburg auf. Einmal im Jahr kommt die Mutter für eine Woche zu Besuch. Ruth Preissler erinnert sich: »Einmal flüsterte sie mir ins Ohr, ich wär ein kleines Judenmädchen.«

Als Ruth vierzehn ist, meinen die Verwandten, sie wäre doch ein deutsches Mädchen, müsse in den Bund Deutscher Mädel (BDM), den weiblichen Zweig der Hitlerjugend. Die BDM-Führerin sieht, wie sie für Juden am Sabbat die Straße kehrt. Da kann sie die Uniform wieder ausziehen.

Auf dem Gymnasium wird Ruth von Hemmungen geplagt, sie kriegt die Worte nicht heraus. Abends im Bett liest sie heimlich den *Stürmer*. Das »kleine Judenmädchen« hat Angst, kann nicht schlafen, fragt die Großmutter, was das sei, ein Judenmädchen?

Die Antwort der ahnungslosen Frau: »Ach was, bist doch kein Judenmädchen.«

Die Mutter heiratet in Schwerin einen Offizier. Ruth wird in den Haushalt geholt. Doch sie trifft es nicht gut. Der neue Vater trinkt, prügelt sie im Suff, versucht sie zu mißbrauchen. Ruth wird immer schwermütiger (»Ich hatte immer Angst vor Schlägen«), will vor ihrem miesen Leben flüchten. Schon am Bahnhof aber wird sie aufgegriffen.

1938, mit achtzehn Jahren, soll sie sterilisiert werden: »Es hieß, ich falle unter das Gesetz. Ich muß Adolf Hitler dieses Opfer bringen . . .« Nach der Operation wird sie nicht von der Mutter, sondern von einer Fürsorgerin abgeholt. Ruth kommt in ein Heim für Schwererziehbare. Sie weint viel. Eine Schwester sagt ihr streng, »ich müßt' nachts schlafen, nicht weinen. Hab' immer geweint, nichts mehr gegessen.« Schließlich kommt sie in die Psychiatrie nach Strecknitz, von dort geht es mit einem Sammeltransport in die hessische Tötungsanstalt Eichberg.

Das psychiatrische Landeskrankenhaus Eichberg liegt inmitten der Weinberge des Rheingaus. 1941 werden von hier Patienten zur Vergasung nach Hadamar abtransportiert. Noch mehr Menschen sterben in der Anstalt selbst. Fast alle werden »abgespritzt« oder vergiftet, viele verhungern qualvoll. Unter ihnen Kinder, polnische und russische Zwangsarbeiter.

50 Jahre nach ihrem Zwangsaufenthalt besucht Ruth Preissler zum erstenmal wieder den Eichberg. Sie wird von Direktor, Verwaltungsleiter und Oberschwester erwartet. Als Willkommensgeste sind Kaffee und Kuchen serviert. Doch die ehemalige Insassin

(die nach ihrer Internierung nie mehr in psychiatrischer Behandlung war!) redet sich ihren Alptraum von der Seele, rührt vor Aufregung nichts an.

Danach besucht sie die ehemalige »Frauen-Unruhe«, das Haus, in dem sie eingesperrt gewesen ist. Unten im Parterre schrien damals die Frauen, die Elektroschocks bekamen, darüber war das Kasino. Ruth Preissler überlebte als »Arbeitspatientin«, sie putzte, machte die Betten, bediente die Heißmangel. Auch die Leichen der Ermordeten mußte sie waschen. Dafür steckten ihr die Schwestern manchmal eine Schnitte Brot zu.

Wenn der Arzt, ein SS-Untersturmbannführer in Uniform, durch die Räume ging und die Opfer zur Ermordung selektierte, nahm sie die Oberschwester beiseite: »Sie sagte, ich soll ins Klo reingehen, der Arzt käm' jetzt durch.« Ruth Preisslers Erinnerung an den Arzt: »Er hat immer gesagt, ich bring' dich auch noch um die Ecke, dich Judenschwein. Zuletzt hat mir das gar nichts mehr ausgemacht. Da war ich das schon gewohnt mit dem Judenschwein.«

Als die ehemalige Insassin das Bad passiert, kommt ihr die Erinnerung an eine polnische Zwangsarbeiterin hoch: »Da haben sie ein Polenmädchen totgeschlagen, mit dem Schrubber. Ich habe noch alles putzen müssen, das ganze Blut. Da hab' ich gesagt: ›Seid ihr Mörder?‹ Da haben die meinen Kopf genommen und gegen die Wand geschlagen, zweimal.« Seit dieser Zeit bekommt sie jede Nacht Kopfschmerzen.

Nahe der Kellertür taucht die Erinnerung an ihren Fluchtversuch auf. Nachts lief sie auf der Landstraße, tagsüber versteckte sie sich im Wald. Bis nach Dieburg, zu ihren Verwandten, ist sie gekommen. Eine Tante ist gleich zur Fürsorgerin gerannt: »Wir können das Mensch doch nicht behalten.« Zwei Schwestern vom Eichberg haben sie wieder zurückgebracht.

In der Anstalt wurden ihr danach die Haare abgeschnitten. Dann kam sie in den »Bunker«. Angst überfällt sie, als sie wieder vor dem fensterlosen Verlies steht, wo vor 50 Jahren Menschen zur Strafe eingesperrt oder »abgespritzt« wurden. Eine Woche ist sie hier gewesen: nackt, ohne Licht, ohne Nahrung, wenn ihr nicht mal eine Schwester eine salzlose Schleimsuppe verabreichte. Eines Tages haben sie ihr eine Leiche in die Zelle geworfen.

Wenn der SS-Arzt im »Bunker« erschien und sie als Juden- oder Dreckschwein beschimpfte, mußte die damals 21jährige nackt vor ihm strammstehen. Ruth Preissler erzählt davon ohne Zorn. Sie hat zu viel erleiden müssen, um sich noch laut zu erregen.

Der Arzt ist nach 1945 als Massenmörder verurteilt, aber nach wenigen Jahren entlassen worden. Zahlreiche Honoratioren haben seine Begnadigung erwirkt. Ruth Preisslers Schicksal kümmerte niemanden, bis sie einen Jugoslawen kennenlernte. Sie heirateten, lebten arm. Wenn ihre Alpträume von verschlossenen Türen und Autos, die Menschen zum Vergasen abholen, übermächtig wurden, tröstete er: »Du brauchst doch jetzt keine Angst mehr zu haben, ich bin doch bei dir.«

Das arme Glück endete 1970, als der Mann starb. Die Witwenrente von 267 Mark war so armselig, daß Ruth Preissler Sozialhilfe in Anspruch nehmen mußte. Der damalige Bundespräsident Carstens schickte aus einem Fonds mal 500 Mark, eine Zeitung ließ ihr anläßlich einer weihnachtlichen Sammelaktion zwölf Zentner Briketts abladen. Die stille, bescheidene Frau blieb auf Mildtätigkeit angewiesen.

Die Zwangssterilisierten und die Opfer der Euthanasie sind bis heute nicht als Opfer der Nazi-Herrschaft anerkannt. Seit 1980 können Sterilisierte einen einmaligen Schadensausgleich von 5000 Mark beantragen. Seit einiger Zeit werden zusätzlich monatlich 100 Mark gezahlt — ein Almosen, ohne Anerkennung des Unrechts. 95 000 Menschen, die zwangssterilisiert wurden, sollen noch leben. Doch nur etwa 6000 haben einen Antrag auf Entschädigung gestellt. Die meisten haben Angst, ihr Schicksal preiszugeben.

Ruth Preissler ist eine von den wenigen, die nach vielen Bittgängen, ärztlichen Begutachtungen und Briefwechseln eine monatliche Entschädigung bekommen. Seit Dezember 1989 erhält sie 919 Mark Rente als Härteausgleich. »Jetzt brauch' ich nicht mehr so zu rechnen«, sagt sie, »gell, da kann ich doch froh sein, wegen meiner Entschädigung vierzig Jahre rumgeschrieben zu haben.«

Jeder Mensch hat nur ein Leben. Wer könnte Ruth Preisslers Schaden ausgleichen?

»Auf geht's zum fröhlichen Jagen!«

Die Karriere des Dr. Friedrich Mennecke

Der Psychiater Friedrich Mennecke ist nie so bekannt geworden wie sein Mordkollege Josef Mengele. Dabei hat er Tausende in den Tod geschickt: KZ-Häftlinge, Geisteskranke, auch Kinder.

Mennecke schrieb seiner Frau, wenn er auf Reisen war. Und er war viel auf Reisen. Er numerierte jeden Brief, gab sogar jeweils die Uhrzeit an. Mennecke schrieb, was er gegessen hatte, wann er auf dem Klo gewesen war und wann er wo Mordopfer selektierte. Deshalb wurden seine Briefe nach Kriegsende beschlagnahmt. Ein Teil wurde 1946 in einem Prozeß gegen ihn als Beweismaterial verwendet. Doch der größte Teil wurde ausgesondert und abgelegt. Ich fand sie in einem Archiv der Justiz, in verstaubten Aktenhüllen unsortiert verschnürt.

Friedrich Wilhelm Heinrich Mennecke ist am 6. Oktober 1904 in Groß-Freden im Kreis Alfeld (Leine) geboren. Sein Vater war Maurer. 1923 besteht Mennecke das Abitur. Er absolviert zunächst eine Kaufmannslehre und beginnt im Wintersemester 1927/28 Medizin zu studieren. Die ärztliche Vorprüfung muß er in einigen Fächern wiederholen, auch die Abschlußprüfung. Das Staatsexamen besteht er 1934 mit »genügend«, die Promotion mit »gut«. Seit 1932 ist er NSDAP-Mitglied und in der SS.

Mennecke bewirbt sich zunächst erfolglos, bis er 1936 in der hessischen Landesheilanstalt Eichberg eingestellt wird. Der damalige und von Mennecke bald verdrängte Direktor, Dr. Wilhelm Hinsen, erinnerte sich 1946:

Im Anfang war er ein bißchen zurückhaltend, er sondierte das Gelände noch, aber er ist von vorneherein als Parteigenosse und SS-Mann aufgetreten. Er hatte allerdings im Anfang keine Uniform, dadurch wurde die äußere Darstellung etwas schwieriger, und als er das erstemal in einem politischen Untersuchungsverfahren gegen mich auftrat, da mußte er sich seine Uniform noch zusammenleihen.

Mennecke macht Karriere: 1937 wird er Kreisamtsleiter im Rassenpolitischen Amt der NSDAP, 1938 Oberarzt, 1939 Ortsgruppenleiter der Ortsgruppe Eichberg-Eberbach und Anstaltsdirektor. Nur fünf Jahre nach dem mühsam bestandenen Staatsexamen steht Mennecke einer Anstalt mit etwa tausend Patienten vor. Ein mäßig Begabter, die fehlende Qualifikation durch stramme Gesinnung ersetzend, hat sich hochgestrampelt.

Ende August 1939 kommt Mennecke als Truppenarzt an die Westfront. Doch bald wird er für Wichtigeres benötigt: Am 14. Dezember 1939 schreibt der hessische Landeshauptmann Wilhelm Traupel dem Wehrbezirkskommando in Wiesbaden, der Eichberger Direktor werde für *staatspolitisch wichtige Belange, die die Erbbiologie betreffen, und ferner zur Durchführung von Versuchen der I.G. Farben* benötigt. Um welche Versuche es sich dabei handelt, ist nicht bekannt.

Einen Monat später, am 12. Januar 1940, jubelt Mennecke in einem Brief an seine Frau Eva: ... *bald, bald ist für mich als Krieger der Krieg vorbei!!! Und dann habe ich erreicht, was ich wollte, nämlich wieder bei meinem lieben und guten Frauchen, meinem einzigen Evalein, zu sein!!!* Mennecke weiter: *Wieder mal hat Dein Herrchen sein Ziel erreicht!!* Kurze Zeit später ist *Herrchen* wieder zu Hause. Etwa am 8. Februar 1940 — das genaue Datum läßt sich nicht mehr ermitteln — reist er nach Berlin. In der »Kanzlei des Führers« sind ein Dutzend Mediziner, darunter mehrere Ordinarien, zu einer Besprechung eingeladen. Mennecke erfährt, daß Psychiatriepatienten, die nicht als Arbeitskräfte taugen, getötet werden sollen. Geschmeichelt, an einer geheimen Reichssache mitzuwirken, bereist er fortan psychiatrische Anstalten und erfaßt dort Patienten, die für die Gaskammer bestimmt sind.

Friedrich Mennecke, aus kleinen Verhältnissen hochgekommen, kann und will seine Wichtigkeit nicht geheimhalten. Schon wenige Tage nach seinem Berlin-Besuch erzählt er Eichberger Ärzten und Pflegern, Kranke, die nicht arbeitsfähig seien, würden nun umgebracht. Er gehöre einer kleinen Kommission an, die die *ganze Sache* leite.

Seit 1941 erfüllt der Eichberg eine schreckliche Doppelfunktion: Die Anstalt wird Durchgangsstation für Patienten, die für die Gaskammer in Hadamar bestimmt sind, beteiligt sich aber auch selbst am Krankenmord. Fast 3500 Patienten werden es sein, die zwischen 1941 und 1944 auf den Eichberg kommen. Sie stammen aus hessischen Anstalten, aber auch aus

Hildesheim, Münster, Emmendingen oder Hamburg. Alleine auf dem Eichberg sterben 2722 Kranke. Man läßt sie qualvoll verhungern oder vergiftet sie mit Medikamenten. Mennecke überlegt sogar, so die Aussage der Eichberger Ärztin Elisabeth Vigano, Patienten per Elektroschock quasi hinzurichten. Besondere Qualen erleiden Kinder, die pseudomedizinischen Forschungen ausgesetzt sind, ehe sie ermordet und seziert werden.

Die ersten, die in die Vergasungsanstalt Hadamar bei Limburg geschafft werden, sind die eigenen Patienten. Der erste Transport ist gerade drei oder vier Stunden weg, da erzählt Mennecke stolz einem Kollegen: *Jetzt leben sie nicht mehr.* Nach dem zweiten oder dritten Abtransport berichtet er in der Ärztekonferenz, er sei selbst in Hadamar gewesen und habe durch ein Fenster der Vergasung zugesehen.

Ein Vorfall ist mehreren Mitarbeitern in Erinnerung geblieben. Der ehemalige Direktor Hinsen nach dem Krieg in einem Brief an die Staatsanwaltschaft:

Eine Reihe unserer älteren Schwestern entsinnen sich, daß Dr. Mennecke eine schwierige Patientin, die ihn selbst stark gereizt hatte, nach Hadamar überführen ließ zum Zwecke der Vergasung. Von dort kam sie zurück, da sie offenbar den Richtlinien nicht entsprach, vielleicht auch, weil sie im 7. Monat schwanger war. Als sie zum Eichberg zurückkam, durfte sie in die Bücher nicht eingetragen werden ... und wurde bald darauf zum zweiten Mal nach Hadamar überführt. In Hadamar soll sie nach Erzählungen der Oberschwester Schürg mittels Morphium-Spritze getötet

worden sein, wobei man der Patientin gesagt habe,
es solle die Geburt eingeleitet werden.

Dr. Bodo Gorgaß, Vergasungsarzt in Hadamar, erinnerte sich im Februar 1947 an den Vorfall. Im Hadamar-Prozeß sagte er, er habe die Frau zurückgeschickt und sei deshalb mit Mennecke in Streit geraten: *Ich habe daraufhin Berlin angerufen, und als ich Verbindung bekam, hatte Mennecke vom Eichberg aus schon Berlin angerufen, und von Berlin kam der Befehl zurück, die Schwangere der Euthanasie zu unterwerfen.*

Im Frühjahr 1941 wird Mennecke bei einer neuen Mordaktion eingesetzt. Zu Beginn des Jahres hatte der Reichsführer-SS Heinrich Himmler der Berliner Euthanasie-Zentrale erklärt, in den Konzentrationslagern seien viele Häftlinge, die nur Arbeit machten und keinen Nutzen abwürfen. Man vereinbart, die Häftlinge durch bewährte Euthanasie-Ärzte erfassen und in den Euthanasie-Anstalten vergasen zu lassen.

Die neue Aktion, manchmal auch »Häftlingseuthanasie« oder »Invalidenaktion« genannt, läuft unter dem Stichwort »Sonderbehandlung 14 f 13«. Dabei stellt »Sonderbehandlung« den seit 1939 üblichen Tarnausdruck für Exekution dar, während »14 f 13« das Aktenzeichen ist, unter dem der neue Massenmord beim Inspekteur der Konzentrationslager geführt wird.

Um möglichst viele Häftlinge ohne Widerstand erfassen zu können, wird beim Lagerappell bekanntgegeben, Kranke könnten sich zur Verlegung in ein »Erholungslager« melden. Wer sich gutgläubig meldet oder von der Lagerleitung benannt ist, wird anschließend den Euthanasie-Ärzten vorgeführt, ausgesondert und später in eine der Vergasungsanstalten abtransportiert.

Von allen Ärzten wird Mennecke, der sich seit Juni 1941 Obermedizinalrat nennen darf, am häufigsten zur Selektion verwendet. Mennecke selektiert auch in Dachau. Alfons Gorbach (von 1961 bis 1964 Bundeskanzler in Österreich) berichtete 1960 in einer Zeugenaussage, ihm sei die »Ausmusterungsaktion« deshalb sehr gut in Erinnerung, *weil ich selbst in die Richtung austreten mußte, welche Personen dann in der Folge liquidiert wurden. Nur durch einen glücklichen Zufall bin ich am Leben geblieben.*

Der Dachauer Blockschreiber Krämer, ein politischer Häftling, 1961 vor einem Untersuchungsrichter: *Bei den Invaliden, die der Kommission vorgeführt wurden, befand sich ein etwa 70 Jahre alter Psychiater aus Wien, von dem ich den Namen nicht mehr weiß. Ein Leiden hatte er nicht. Ihm war aber bewußt, welches Schicksal ihn erwartete. Deshalb hat er Dr. Heyde* — Psychiatrieprofessor Werner Heyde war der ebenfalls zur Selektion nach Dachau gereiste medizinische Leiter der Euthanasie-Aktion — *noch dringend gebeten, ihn zu retten; er ist vor ihm auf die Knie gefallen und hat ihn inständig gebeten. Gleichwohl ist dieser Mann auch verlegt worden.*

Zu den Opfern der »Aktion 14 f 13« zählt auch der evangelische Pfarrer Werner Sylten, ein sogenannter jüdischer Mischling. Sylten hatte in Thüringen ein Heim der Inneren Mission geleitet. Nach einer Hetzkampagne im *Völkischen Beobachter* war er aus seiner Stelle vertrieben worden. Sylten mußte erleben, daß sich Kirchenleitung und Innere Mission in Thüringen von ihm abwandten. In Dachau landete er entkräftet im Krankenrevier, kam mit einem »Invalidentransport« nach Hartheim bei Linz und endete in der Gaskammer.

Mennecke sieht bei der Selektion nur Antisoziale, die es auszumerzen gilt. Einzelschicksale interessieren ihn nicht. Im November 1941 wird er nach Ravensbrück beordert. Der (kinderlose) Psychiater beschreibt am 19. November seiner Frau (Anrede: *Liebste Mutti!*) zuerst den Speiseplan:

Ich habe mir gerade zum Abendessen Wildbraten bestellt — und trinke jetzt erst mal einen Korn auf Dein Wohl! Prost!! — Ich bin vorläufig noch allein, so daß ich besser Gelegenheit zum Schreiben habe, von morgen ab ist es wohl anders. — Nun höre, wie der heutige Tag war: Um 7.15 Uhr war ich nach herrlichem Schlummer wach und war schon rasiert, als mein Zimmer-Telefon um 7.30 Uhr zum Wecken klingelte. — Nun erst essen, der Braten sieht lecker aus! Ran!!!! ———«

Der *treue Fritz-Pa*, wie Mennecke oft unterschreibt, hatte sich schon in Dachau Gestapo-Fotos der selektierten Häftlinge geben lassen. Auch in Ravensbrück läßt er sich Fotos geben. Auf der Rückseite notiert er die Diagnosen, die den Häftlingen zum Todesurteil werden. Menneckes »Diagnosen« gehören zum Niederträchtigsten, was jemals ein deutscher Mediziner verfaßte.

Über einen Mann namens Franz Stein heißt es: *Kommunist und Rassenschänder in Prag. Im Lager: arbeitsscheu, hetzerisch.* Über den Arzt Paul Schnabel notiert Mennecke: *röm. kath. Jude! Deutsch-*

feindl. Einstellung. Schwerer Hetzer. Im Lager: faul, frech. Auf der Rückseite des Fotos einer *verheirateten Volljüdin* steht: *Sehr aktive (»kesse«) Lesbierin. Suchte fortgesetzt »lesbische Lokale« auf und tauschte im Lokal Zärtlichkeiten aus.* Über eine jüdische Hausangestellte meint Mennecke: *Fortgesetzte Rassenschande vornehmlich mit adligen Offizieren (auch in Frankfurt/Main, Café Wien!) und hohen Beamten ausländischer Botschaften in Berlin, Hamburg, Frankfurt/Main, Wien.*

Ende November 1941 wird Mennecke nach Buchenwald geschickt, wo vor ihm schon andere Euthanasie-Ärzte selektiert haben. Zu den Opfern dieser früheren »Ausmusterung« gehört auch Martin Gauger, ein begabter Jurist, der für die Bekennende Kirche gearbeitet hat. Auf der Transportliste, die erhalten ist, steht er unter der laufenden Nummer 23 als *politischer Krimineller.* Ein Blick auf die Transportlisten zeigt, daß mit der »Aktion 14 f 13« Polen, Juden, politische Häftlinge, sogenannte Kriminelle, Arbeitsscheue und Wehrunwürdige beseitigt werden.

Am 26. November ist Mennecke in Buchenwald, wo er zusammen mit Euthanasie-Gutachter Dr. Robert Müller (Königslutter) die Opfer auf Meldebögen erfaßt. In seinem Brief liest sich das so:

7.00 Uhr Bimbimbim: 7.00 Uhr!! Aufgestanden! Recht herzlichen Guten Morgen, Muttilein!!! Küßchen! Du schlummerst noch, gelt? — Nun ran, rasieren! Ahoi!

7.30 Uhr Fertig, auch schon mit Sch..., und nun auf in den neuen Tag. Heute abend schreibe ich weiter. Küßli! Ahoi!

19.50 Uhr Wieder daheim, mein Mausli!! Der erste Arbeitstag in Buchenwald ist beendet. Wir waren um 8.30 Uhr heute früh draußen. Ich stellte mich zunächst bei den maßgeblichen Führern vor. Der stellvertretende Lagerkommandant ist SS-Hauptsturmführer Florstedt, Lagerarzt ist SS-Obersturmführer Dr. Hoven. Zunächst gab es noch ca. 40 Bögen fertig auszufüllen von einer 1. Portion Arier, an der schon die beiden anderen Kollegen gestern gearbeitet hatten ... Um 12 Uhr machten wir erst Mittagspause und aßen im Führer-Kasino (1a! Suppe, gehacktes Rindfleisch, Rotkohl, Salzkartoffeln, Apfelkompott — zu 1,50 Mark!), keine Marken. — Um 13.20 Uhr fingen wir wieder an zu untersuchen ... Als 2. Portion folgten nun insgesamt 1200 Juden, die sämtlich nicht erst »untersucht« werden, sondern bei denen es genügt, die Verhaftungsgründe (oft sehr umfangreich!) aus der Akte zu entnehmen und auf die Bögen zu übertragen. Es ist also eine rein theoretische Arbeit, die uns bis Montag einschließlich ganz bestimmt in Anspruch nimmt, vielleicht sogar noch länger. Von dieser 2. Portion (Juden) haben wir beide dann noch gemacht: ich 17, Müller 15. Punkt 17.00 Uhr »warfen wir dann die Kelle weg« und gingen zum Abendessen: kalte Platte Cervelatwurst (9 große Scheiben), Butter, Brot, Portion Kaffee!

Am 27. November 1941, um 0.05 Uhr, schreibt Psychiater Mennecke schon wieder:

Mein liebstes, gutes Herzli!! Zum Sonntag soll Dir dieser Brief herzlichste Pa-Grüße und -Küsse auf den Tisch des Hauses legen! Ich fange ihn schon jetzt an — zu später Stunde, in den ersten Minuten des

neuen Tages. Schuld daran ist die schöne Hotel-Halle,
in der bis 24.00 Uhr das Orchester spielt und in deren
kultivierten Ledersesseln es sich gar zu gut sitzt.
Ferner ist schuld daran der liebliche warme Weiß-
wein, von dem ich nach 2 Bieren (die ich zuerst auf
der Frühstücks-Terrasse getrunken hatte) in der Halle
selbst 3 getrunken habe.

Etwa um 22.45 Uhr war die Halle leerer geworden,
so daß ich einen Sessel mit guter Wandbeleuchtung
fand. In dieser Situation war zum dritten schuld an
dem langen Aufbleiben die Reichsführer-SS-Broschüre
»Rote-Welt-Revolution«, die sich wieder wunderbar
liest. Wenn ich nicht um 7.00 Uhr aufstehen müßte,
würde ich gerne ein Stündchen dort unten sitzen, aber
Dienst ist Dienst!! Und deshalb wird jetzt schnell ge-
schloofen — hinein in das »Paradies«-Bett!! Noch
5 Nächte, dann wirst Du in diesen Daunen schlum-
mern!! Es lockt aus jeder Daune — bombom, bom-
bom — mit weinesfroher Laune: komm, komm —.
Liebste Küßli's!! Gute Nacht!! Pa, komm, komm!!!

Nachdem Mennecke mit dem Selektionskollegen
Müller noch in einer Weinstube war, berichtet er:
Bratkartoffel + Krabben-Gelee, dazu 1 Portion Kaffee
... So, Lieb, nun will ich schloofen gehn, denn um
7 Uhr bimmelt das Telefon wieder. Innigste Küßli's!!
Ahoi!!

Am nächsten Morgen, am 28. November, um 7.40
Uhr, schreibt Mennecke seinem *Mausili* einen seiner
schrecklichsten Sätze. Bevor der Selektionstag in
Buchenwald beginnt, notiert er: *Auf geht's zum fröh-*
lichen Jagen!! Am 1. Dezember hat er 1192 *Bögen* fertig,
hat er fast 1200 Menschen für die Gaskammer be-

stimmt. Abends moniert er die Lagerzustände aus einer Sicht:

Meine schwarzen Schuhe sind noch nicht fertig, es ist auch sehr fraglich, ob sie besohlt werden, denn Du hast schon recht empfunden und zwischen den Zeilen gelesen: das hiesige Lager ist von allen bisherigen am wenigsten großzügig. Jedoch: *Das Essen ist immerhin sehr gut.*

Mennecke ist in den Konzentrationslagern Sachsenhausen, Ravensbrück, Buchenwald, Dachau, Groß-Rosen, Flossenbürg und Auschwitz gewesen. Seine Frau, die ihn schon bei Reisen zur Selektion von Geisteskranken begleitet hatte, begleitet ihn auch nach Groß-Rosen und Auschwitz. Als Herr über Leben und Tod beginnt er sich zu überschätzen. Sein Verhängnis: Er legt sich mit dem hessischen Landesrat und Anstaltsdezernenten Fritz Bernotat an, einem Parteibonzen. Wahrscheinlich glaubt Mennecke, Bernotats Posten beerben zu können.

Mennecke wird bestraft, muß im Januar 1943 wieder zur Wehrmacht. Zunächst kommt er ins Reservelazarett Metz, wo er in Kriegsgerichtsfällen wieder mal als Gutachter fungiert. Auch hier urteilt er gnadenlos. So schreibt er am 25. Januar seinem *Muttili*, er habe zwei Fälle von Fahnenflucht zu begutachten und werde *einen sehr strengen Maßstab* anlegen. Einen Tag später protzt er: *So, Mutti, jetzt hat Pa aber wieder ein Gutachten zurechtgezimmert ... Der Mann wird wahrscheinlich zum Tode verurteilt!*

Am 19. Februar 1943 meldet er: *Strahlender Frühlings-Sonnenschein ist heute, den der Schütze Schäfer nicht mehr erlebt hat. Die Erschießung war für mich ein Erlebnis.* Stammelnd vor Sensationslust, heißt es weiter: *Ein solches Erlebnis ... ist eine gewisse Sensation.* Zugleich versucht er, sich in Berlin erneut als Euthanasie-Helfer anzudienen, als *zusätzliche Leistung im Sinne der Totalitätsanspannung.* Mennecke will die eigene Haut retten, indem er andere in den Tod schickt.

Mitleidlos kommentiert er am 1. Februar 1943 die Schlacht um Stalingrad: *Es ist sehr bitter für die Betroffenen, aber sie werden sich bis zu ihrem letzten Atemzug in der Rolle der »Thermopylen-Kämpfer« tapfer schlagen.* Als Mennecke erfährt, daß er selbst in den Osten muß, bekommt er Angst. Den Mitarbeitern seiner Anstalt Eichberg schreibt er aber am 3. Mai 1943 von seiner Freude, nun im *Kampfgeschehen der Ostfront* zu stehen. Danach heißt es weiter: *Man sieht es ja den russischen Menschen an, wie sie direkt im Dreck geboren und aufgewachsen sind.* Sein Urteil: *Das ist kein Herrenvolk.* Mennecke, der das Leben von einigen tausend Menschen auf dem Gewissen hat: *Ein Einzelleben gilt hier genauso wenig wie in irgendeiner tieferen Tiergattung.*

Getreu der NS-Propaganda sieht er die Juden. Im Juni 1943 schreibt er seiner Frau: *Wer weiß, ob in England nicht doch noch das Volk — es sind doch Germanen — einsieht, wohin es durch den jüdisch-plutokratischen Einfluß seiner Politik vom hohen Olymp des stolzen Weltreiches gestürzt ist.* Einen Tag später: *Im 7.00 Uhr-Nachrichtendienst hat es geheißen, daß die Anglo-Amerikaner Neger als Flugzeugbesatzung einsetzen! Diese feige Dekadenz!! Nicht einmal selbst mit eigenem Bluteinsatz wagen es diese Drecksjuden,*

unsere Kulturstätten zu zerstören und unsere Frauen
und Kinder zu morden!!

Ihn selbst drängt es nicht zum »Bluteinsatz«. Am
14. August schreibt er seinem Muttilein, er überlege,
sich *wegen »Herzbeschwerden« in ein Lazarett zu be-*
geben und von dort *heim ins Reich* zu fahren. Am
1. September ist Mennecke tatsächlich im Lazarett.
Diagnose: Basedowsche Krankheit. Im Frühjahr 1944
spekuliert er schon wieder auf die Direktorenstelle
einer Euthanasie-Anstalt, nimmt auch an Tagungen
der Mordkollegen teil. Seine Krankheit stellt sich jedoch als Lungentuberkulose heraus. Mennecke versucht sich zu trösten: *Womit habe ich das eigentlich*
verdient, daß es mir so gut geht — jetzt, wo es auf den
totalen Einsatz eines Jeden ankommt?

Das Ende ist schnell erzählt: Bereits im Sommer
1945 beginnen Ermittlungen gegen Mennecke. Am
21. Dezember 1946 wird er wegen Mordes in einer un-
bestimmten Zahl von Fällen in Frankfurt zum Tode
verurteilt. Am Nachmittag des 27. Januar 1947, die
Revisionsverhandlung steht noch an, besucht ihn
seine Ehefrau im hessischen Zuchthaus Butzbach.
Am nächsten Morgen wird Mennecke tot in seiner
Zelle gefunden. Wenige Tage später beruhigt die
Staatsanwaltschaft den hessischen Justizminister,
Mennecke sei sterbenskrank gewesen, sein Tod
stehe mit dem Besuch der Ehefrau nicht in Verbindung.

Von Schuldgefühlen und Selbstzweifeln ist in keinem von Menneckes Briefen die Rede. Im Gegenteil.
Dr. med. Friedrich Mennecke im November 1944 an
seine Frau: *Ja, Herzli, hätten wir doch niemals ein*

mitleidges Herz gehabt — handelten wir nicht aus edelster Gesinnung? Wir sind scheinbar zu edel-denkend für diese Welt.

Irrwitz Entschädigungs-Bürokratie

Am 1. Oktober 1940 wurden die jüdischen Patienten der hessischen Psychiatrie auf den Bahnhöfen Kassel und Gießen in Waggons verfrachtet. Auch die 52jährige Lina Weiler, geboren im hessischen Katzenfurt. Der Sammeltransport endete in der »Euthanasie«-Anstalt Brandenburg. Die Menschen starben noch am selben Tag in der Gaskammer. Auch Lina Weiler, Mutter des damals noch nicht volljährigen Ludwig.

Die Opfer der Nazi-»Euthanasie« wurden niemals als NS-Verfolgte anerkannt. Die absurde Logik der Entschädigungs-Bürokratie: Geisteskranke wurden zwar von den Nazis ermordet, aber nicht verfolgt. Erst seit 1990 können Hinterbliebene aus einem Härtefall-Fonds eine einmalige Beihilfe von 5000 Mark erhalten. Voraussetzung: Sie müssen zur Zeit der Ermordung minderjährig gewesen sein und heute in Armut leben. Dies ist ein Gnadenakt, der die Opfer anderen NS-Verfolgten rechtlich nicht gleichstellt, aber augenfällige Härten im Entschädigungsrecht lindern soll.

Der Härtefall-Fonds (aus dem auch Zwangssterilisierte entschädigt werden) wird von der Oberfinanzdirektion Köln verwaltet. Seit längerem gibt es Klagen, daß in Köln Anträge unmäßig lange bearbeitet wurden, die mittlerweile betagten Antragsteller könnten darüber sterben.

Lange warten mußte auch Ludwig Weiler. Selbst verfolgt und vom Leben nicht verwöhnt, beantragte er im September 1990 die Beihilfe. Die Oberfinanzdirektion ließ sich fast vierzehn Monate Zeit, dann lehnte sie ab: Lina Weiler sei als Jüdin ermordet worden. Deshalb könne aus dem Härtefall-Fonds nicht entschädigt werden. Es bestehe vielmehr ein »Verfolgungstatbestand« im Sinne des Bundesentschädigungsgesetzes.

Ludwig Weiler muß diese Entscheidung wie ein Hohn vorkommen: Eine »Entschädigung wegen Schadens am Leben« nach dem Bundesentschädigungsgesetz ist nämlich bereits 1961 rechtskräftig abgelehnt worden. Ich rief die Oberfinanzdirektion Köln an, die Referatsleiterin referierte: Verfolgte seien aufgrund ihrer Rasse oder ihres Glaubens »normal Juden und Zigeuner«. Dafür sei als Entschädigungsbehörde der Regierungspräsident zuständig. Und deshalb dürfe sie im Falle Weiler nicht entschädigen. »Die Dame hat aus Verfolgungsgründen den Tod gefunden.«

Der Einwand, Lina Weiler sei als Kranke im Zuge der »Euthanasie« ermordet worden und für »Euthanasie«-Opfer sei die Oberfinanzdirektion Köln zuständig, beeindruckt die Referatsleiterin nicht: »Ja sicher, aber ich darf nur Leute entschädigen, die nicht aus Verfolgungsgründen euthanasiert wurden. Wenn ich das salopp sagen darf: Wenn ein ganz normaler Geisteskranker euthanasiert wurde, ist er nicht wegen seiner Rasse oder seines Glaubens euthanasiert worden. In diesem Fall bin ich zuständig.«

Noch einmal wende ich ein, es sei unerheblich, ob die Frau als jüdische oder »normale« Geisteskranke ermordet wurde, folglich könne doch der Sohn aus dem Härtefall-Fonds entschädigt werden. Die Referatsleiterin bleibt hart: »Ich darf nur Nichtverfolgte entschädigen. Juden, das sind Verfolgte.« Am Ende unterbreitet die Härtefall-Referentin den Vorschlag, der Sohn könne ja noch mal versuchen, einen Antrag zu stellen. »Aber er wird dann wahrscheinlich einen Zweizeiler als (ablehnende) Antwort bekommen.«

Ein Irrwitz der Entschädigungs-Bürokratie: Die geisteskranke Lina Weiler wurde in der Brandenburger Gaskammer angeblich als Jüdin und nicht als Geisteskranke ermordet. Wäre Lina Weiler Arierin gewesen, bekäme ihr Sohn aus dem Härtefall-Fonds eine Entschädigung.

Eine Welt menschlicher Sünde

Seelsorge in Konzentrationslagern und Zuchthäusern

Wuppertal-Barmen ist unter Protestanten als ein Mittelpunkt der Bekennenden Kirche weltweit bekannt. Hier fand die erste Reichsbekenntnissynode statt. Hier wurde im Mai 1934 die Barmer Erklärung verfaßt, ein Bekenntnis gegen die Gleichschaltung der Kirche durch die Nazis. Nicht bekannt ist, daß in Wuppertal Adolf Hitler schon 1922 vor einigen hundert Anhängern im evangelischen Vereinshaus gesprochen und daß Joseph Goebbels, streng katholisch erzogen, hier 1925 den Gau Rheinland-Nord der NSDAP geleitet hat.

Nur wenige wissen, daß sich ganz nahe von Wuppertal-Barmen ein KZ befand: Das Konzentrationslager Kemna in der Beyenburger Str. 146, einem Fabrikgelände an der Wupper. Die Häftlinge (vorwiegend Kommunisten und Sozialdemokraten), die ab Juli 1933 in die ehemalige Fabrik kommen, werden bis zur Bewußtlosigkeit gefoltert. Sie werden geschlagen, bis der Kot abgeht. In die Wunden wird Pfeffer und Salz gestreut. Halbtot werden sie in die Wupper geprügelt. Viele Häftlinge versuchen, den Qualen durch Selbsttötung zu entkommen. In Kemna werden die Menschen nicht erschossen oder vergast, sondern Leib und Seele langsam zerschlagen. Lebenslängliche Verkrüppelungen, Siechtum und Irrsinn sind die Folge. Die Täter: Wuppertaler SA-Leute, die meisten evangelisch getauft.

In diesem Folterlager betätigen sich ab September 1933 der den Deutschen Christen angehörende Pastor Trummel, sein Kollege Schiefer sowie Stadtmissionar Schmidt von der Wuppertaler Stadtmission. Jede Woche halten sie den sonntäglichen Gottesdienst. Einmal die Woche ist Sprechstunde, im Büro des als Menschenschinder geschilderten SS-Sturmbannführers und Kommandanten Alfred Hilgers (Trummel: »natürlich unter vier Augen«). Höhepunkt des braunen Seelsorgeeinsatzes ist die Weihnachtsfeier mit Tannenbaum und bewaffneten SA-Posten. Das gedruckte Programm (»Weihnachtsfeier 1933 im Konzentrationslager Kemna«) ist erhalten.

Etwa 4500 Häftlinge sind zwischen Juli 1933 und Januar 1934 in Kemna eingesperrt. Was in Kemna geschieht, bleibt der Bevölkerung nicht verborgen. Vor allem sonntags spazieren ganze Scharen auf einem oberhalb des Geländes führenden Weg. Viele wollen ihre eingesperrten Verwandten sehen, viele wollen auch nur gaffen. Die Folter-Vorwürfe sprechen sich herum, so daß 1934 (!) ein Staatsanwalt sogar ein Ermittlungsverfahren einleiten will.

Kemna ist sogar Thema der Kirchenpresse. »Im Konzentrationslager« heißt ein Artikel Januar 1934 in *Licht und Leben*, einem evangelischen Wochenblatt. Hier wird die Seelsorge im KZ als christliche Liebestat gerühmt, obgleich die Pfarrer von den schweren Mißhandlungen der Häftlinge wissen. Das örtliche Evangelisch-lutherische Gemeindeblatt nennt das KZ im Dezember 1933 eine »Welt menschlicher Sünde«. Die Sünder sind die Häftlinge, nicht ihre Folterer.

Kemna ist kein Einzelfall. Als 1933 an vielen Orten Schutzhaftlager errichtet werden, kann die evangelische Kirche in vielen Lagern zunächst ungehindert Gottesdienste abhalten. So berichtet der Hamburger Oberkirchenrat Tügel im Dezember 1933 der Kirchenkanzlei der Deutschen Evangelischen Kirche (DEK), es hätten »mehrfach Gottesdienste und Vorträge in den Hamburgischen Konzentrationslagern abgehalten werden können.«

Manchmal müssen die Häftlinge sogar zwangsweise zum Gottesdienst. So werden im schlesischen Lager Leschwitz die Gefangenen in der ersten Zeit »geschlossen in die Kirche geführt«. Der Kreispfarrer des nordhessischen Kirchenkreises Melsungen berichtet Dezember 1933 seiner Kirchenleitung in Kassel über das KZ Breitenau/Guxhagen: »Sämtliche Insassen müssen am Gottesdienst teilnehmen.«

Der Einsatz der KZ-Pfarrer wird in Sammelbögen »Betreffend: Seelsorge in Konzentrationslagern« festgehalten. Zufrieden meldet der Oberkirchenrat in Berlin-Charlottenburg am 17. Januar 1934 an die Reichskirchenregierung, daß »an allen Orten, in denen Konzentrationslager bestehen, eine kirchliche Versorgung sichergestellt ist.«

Nicht erfaßt ist in den Sammelbögen ein kleines KZ, dessen Anschrift lautet: »Landesverein für Innere Mission, Abteilung Konzentrationslager Kuhlen«. Das Gut Kuhlen gehört den Ricklinger Anstalten im schleswig-holsteinischen Kreis Schleswig-Holstein. Die Einrichtung des Landesvereins der Inneren Mission übernimmt im Sommer 1933 das Konzentrationslager, eine große Baracke, von der SA.

Im KZ der Inneren Mission werden vorwiegend Kommunisten und Sozialdemokraten, Kommunalpolitiker und Arbeiter aus der Umgebung eingesperrt, gequält und mißhandelt. Der Lagerdienst dauert von 5 Uhr in der Frühe bis 21 Uhr abends. Wer danach mit einem Mitgefangenen spricht, bekommt zwei Tage lang das ohnedies dürftige Mittagessen entzogen.

Kommandant des KZ Rickling-Kuhlen ist Othmar Walchensteiner, ein gescheiterter Diakonen-Schüler und Mitglied der NSDAP seit 1927 (Walchensteiner wird später Gebietskommissar in Minsk-Land). Verwaltungsleiter des KZ ist ein Ricklinger Diakon.

Im KZ der Inneren Mission sind insgesamt nur 189 Männer inhaftiert. Wegen Überfüllung wird das Lager am 27. Oktober 1933 aufgelöst. Die Häftlinge kommen nach Papenburg in die Emslandlager.

Ein evangelischer Christ hat seine Kirche immer wieder an ihre Aufgaben erinnert: Dr. Hermann Stöhr aus Stettin, später als Kriegsdienstverweigerer hingerichtet. Während manche Pfarrer die Seelsorge im KZ als völkischen Umerziehungsauftrag empfinden, drängt er mehrfach, den Häftlingen beizustehen.

Störenfried Stöhr wird daraufhin kirchlich bespitzelt. So berichtet am 28. Oktober 1933 das Konsistorium der Provinz Pommern (Stettin) dem Oberkirchenrat in Berlin-Charlottenburg. Beigegeben ist unter anderem eine »vertrauliche« Äußerung von Konsistorialrat Ulrich, wonach Stöhr bei der Inneren Mission beschäftigt gewesen, wegen »polenfreundlicher Aktionen« aber ausgeschieden sei.

»Ihn beseelt ein warmes Interesse für die Sache Christi und auch für die Landeskirche«, heißt es in dem Bericht, jedoch weise er (»wahrscheinlich aufgrund einer allgemein etwas krankhaften geistigen Konstitution«) auffällige Absonderlichkeiten auf:

»1. Ein übersteigertes, etwas schablonenhaftes Gerechtigkeitsempfinden, von dem aus er sich häufig in Einzelheiten sogar zum Verfechter der Feinde unseres Volkes berufen fühlt.

2. Eine fanatische Überzeugung, jeder Christ sei verpflichtet, zu allen Dingen des öffentlichen Lebens vom Evangelium her sein Urteil zu sagen. (...)

3. Eine kurzschlüssige Verabsolutierung der Ethik der Bergpredigt, die ihn unter anderem zum Pazifisten hat werden lassen.«

Die Seelsorge im KZ wird als staatstragende Erziehungsmaßnahme verstanden, wie (nicht nur) aus einem Bericht des Dresdener Oberkirchenrats Dr. Polster von Januar 1934 hervorgeht. Polster: »Ja ich glaube sagen zu dürfen, daß ohne evangelische Seelsorge in den Schutzlagern ein Einbau früherer Schutzhäftlinge in die große deutsche Volksgemeinschaft des Dritten Reiches unmöglich ist.«

Noch staatstragender schreibt das Landeskirchenamt für Anhalt der Kirchenleitung der DEK in Berlin: »Wir halten uns nicht für befugt und kompetent, über das Vorhandensein von Schutzhaftlagern zu berichten ... Wir glauben im übrigen, daß es auch für den Reichskirchenausschuß dringendere Anliegen geben wird als die Seelsorge an unverbesserlichen Gewohnheitsverbrechern und Staatsfeinden.«

Solange die Nazis gegen Kommunisten, Sozis, Bettler, Homosexuelle, Bibelforscher vorgehen, erheben die Vertreter der Amtskirche keine Einwände.

So wird verständlich, wenn die Superintendentur Oranienburg noch am 22. Februar 1937 an das Konsistorium der Mark Brandenburg in Berlin lapidar schreiben kann, seit kaum einem Jahr befände sich am Rande der Stadt ein Gefangenenlager, »bestehend aus Baracken mit jetzt ca. 1700 Insassen. Diese teilen sich in politische Verbrecher, Sittlichkeitsverbrecher, Gewohnheitsverbrecher.«

Das Konzentrationslager Dachau ist heute dafür bekannt, daß hier während des Krieges unter anderem 2720 Pfarrer und Priester interniert waren, 1780 allein aus Polen. Der Vorsitzende der deutschen Bischofskonferenz scheint die polnischen Brüder nicht geliebt zu haben. Am 13. Dezember 1942 schreibt er Bischof Heinrich Wienken, der 1937 anläßlich seiner Bischofsweihe in Münster aufgefallen war, als er eine Ansprache mit einem Hoch auf den Führer beendete: »Angeblich ist Weihbischof Michael Kozal aus Wlozlawek im Konzentrationslager Dachau und der Lubliner Weihbischof Wladislaus Goral im Konzentrationslager zu Oranienburg. Hat es Bedenken, wenn ich aus konfraterneller Rücksicht dafür eintrete, daß diesen eine würdigere Unterkunft oder Freiheit zu rein wissenschaftlicher Beschäftigung gewährt werde. Sowenig Humanitätsempfinden gegenüber den Polen als berechtigt erscheinen mag, dürfte doch immerhin die Standes-Konfraternität einige Bewertung erhoffen können.«

Nicht bekannt ist dagegen, daß in Dachau die Häftlinge anfangs strammstehen müssen, wenn der evangelische Pfarrer kommt. In einem Dienstbericht heißt es: »Wenn ich dann zur festgesetzten Zeit komme, treten alle Gefangenen vor ihren Baracken an . . . Diejenigen, die teilnehmen wollen, treten dann vor . . .« Anfangs kommen bis zu 120 Gefangene zum Gottesdienst, später nur noch 40, dann nur noch 5 und schließlich gar keiner mehr. Der Pfarrer will den Kommandanten nach den Ursachen fragen. Eine Unterredung wird jedoch versagt.

Schließlich erklärt ihm der SS-Sturmführer, »das Menschenmaterial, das im Lager sei, sei so schlecht«.

Der Pfarrer: »Mir ist aber trotzdem das plötzliche Absinken der Besucherziffer so auffallend, daß ich diesen an und für sich richtigen Tatbestand, daß im Lager überwiegend sehr minderwertige Elemente sind, nicht für ausschlaggebend ansehen kann.«

Am 9. März 1937 untersagt der Reichsführer-SS Heinrich Himmler in einem Schreiben an die Obersten Behörden der evangelischen Landeskirchen »grundsätzlich in Schutzhaftlagern das Abhalten von Gottesdiensten«. Vergeblich hatten zuvor am 20. August 1935 die deutschen Bischöfe eine Denkschrift an Hitler gesandt, in der sie klagten: »In Konzentrationslagern und Untersuchungsgefängnissen wird seit etwa dreiviertel Jahren den Gefangenen der Empfang des Bußsakramentes verweigert.«

Vergeblich hatten sie versprochen: »Die für die Gefangenen bestellten Geistlichen werden . . . den Sträfling zur . . . Anerkennung der staatlichen Obrigkeit verpflichten und so zur inneren Umstellung und Besserung der Gefangenen mithelfen.« Vergeblich ist auch ein Vorstoß des Breslauer Kardinals Adolf Bertram, der im Juli 1938 der Geheimen Staatspolizei schreibt, als Vorsitzender der Fuldaer Bischofskonfe-

renz bitte er ergebenst, für die katholischen Schutzhäftlinge regelmäßigen Gottesdienst an Sonn- und
kirchlichen Feiertagen sowie seelsorgerliche Besuche
der Kranken und gegebenenfalls Spendung der Sterbe-
sakramente zuzulassen. Man sei bereit, Geistliche
auszuwählen, die »besonders sichere Gewähr dafür
bieten, daß Zweck und Ordnung der Schutzhaft durch
Gottesdienst und Seelsorge nicht beeinträchtigt
werden.« Die Ordnungswilligkeit der katholischen
Schutzhäftlinge werde »bei Durchführung der er-
betenen Maßnahmen sicher nicht leiden, könnte
vielmehr dadurch nur günstig beeinflußt werden.«

Anders als in Himmlers KZs ist die Praxis in den
Emslandlagern, die dem Justizministerium unter-
stehen. Das Lager Esterwegen ist bis 1936 mit über
2000 Insassen neben Dachau größtes und wichtigstes
KZ und gilt als »Musterlager«. Häftlinge sind unter
anderem der Pazifist Carl von Ossietzky, der SPD-
Politiker Julius Leber und der hessische Gewerk-
schaftsführer Wilhelm Leuschner.

Pastor D. Johannes Wolff, Vorsteher der 460 Diakone und Diakonenschüler des Stephansstiftes und
zugleich »Landesführer« der Inneren Mission, hatte
vier seiner Diakone als Wachleute in die Emslandlager abgestellt. In der Hauszeitung des Stephansstiftes *Der Monatsbote*, laut Untertitel ein »Monats-
blatt für Innere Mission im Sinne der Lutherischen
Kirche«, heißt es dazu im April 1934: »Ein großer Ver-
trauensbeweis war es für uns, als kürzlich von der
Kommandantur der staatlichen Konzentrationslager
in Papenburg an das Brüderhaus die Bitte gerichtet
wurde, mehrere Brüder, die zugleich SA-Männer sind,

als Wachmannschaften zu entsenden. Wir sind dieser Bitte sofort nachgekommen ...«

Einer der SA-Diakone schreibt am 27. Mai 1934 seinem Vorsteher, die Häftlinge würden »fast sadistisch gequält«. Der Diakon und SA-Scharführer, im Lager 4, Rhede, eingesetzt: »Das ist unser Dienst, Herr Pastor, stehen und warten, daß man einmal auf einen Menschen schießen darf. Sind wir darum Diakone?«

Am 26. Juni 1936 berichtet die Ems-Zeitung über den Besuch des Osnabrücker Bischofs Berning in den Emslandlagern. Der Bischof und Preußische Staatsrat trägt sich ins Goldene Buch ein und bewirtete abends die Wachmänner mit Bier. In einer Ansprache an den Kommandanten und die »lieben SA-Männer« sagt er: »Ich danke ihnen, daß Sie mir die Heimat gezeigt haben in der Form, die das Dritte Reich daraus gemacht hat. Lange lag das Emsland im Dornröschenschlaf, bis der Prinz kam und es weckte; dieser Prinz ist unser Führer Adolf Hitler ... Unserm Vaterlande, unserer Heimat und unserem Führer ein dreifaches Sieg-Heil.«

Die Seelsorge in den NS-Zuchthäusern bleibt den Krieg hindurch bestehen. Die Denkweise der Gefängnispfarrer über Zuchthäusler vor 1933 dokumentiert die »Niederschrift über die zweite Reichstagung des Reichsverbandes der Evangelischen Strafanstaltspfarrer Deutschlands« vom 11. November 1929. Da heißt es knapp und brutal: »Die Berufsverbrecher sollen unschädlich gemacht werden«. Für die Pfarrer steht fest, daß das Gros der Gefangenen nicht zu erziehen ist: »Daran sind Vererbung, mangelhafte Erziehung und anderes schuld, es sind minderwertige Menschen.«

Das Dritte Reich bringt den Anstaltspfarrern zunächst höheres Ansehen. Der Kirchgang der Gefangenen wird zum Muß. So heißt es zum Beispiel im Bericht des Anstaltspfarrers von Brandenburg/Havel für die Zeit von April 1933 bis März 1934, daß eine Anzahl der Gefangenen sich dem Kirchzwang nur widerwillig füge, außerdem beanspruche die von ihm ausgeübte Briefzensur viel Zeit. Auch andere Dienstberichte zeigen, daß Anstaltspfarrern »die Beaufsichtigung und Prüfung des gesamten Briefverkehrs der Gefangenen« obliegt. Regimegegner dürfte man kaum mit der Briefzensur beauftragt haben.

Die Situation zu Beginn der Nazi-Herrschaft schildert Oberkonsistorialrat Schlabritzky. Über die Gefängnisseelsorge in der Provinz Brandenburg berichtet er August 1936 dem Evangelischen Oberkirchenrat in Berlin: »Die Strafanstaltsgeistlichen sind durchweg hauptamtlich angestellt und aus staatlichen Mitteln besoldet. Nach Inkrafttreten der neuen Dienst- und Vollzugsordnung vom 1. August 1933 sind in höherem Maße als bisher Wirkungsmöglichkeiten für die Seelsorgearbeit geschaffen worden.« Der Oberkonsistorialrat kommt zu dem Schluß: »Die Strafe hat wieder ihren Charakter als Sühne erhalten.« Daß in der Strafanstalt Brandenburg-Görden die Zahl der Gefangenen von 566 im Jahre 1932 auf 1738 im Jahre 1934 gestiegen ist, stört ihn nicht.

Während der ganzen NS-Diktatur können die vom Staat besoldeten Pfarrer ihren Dienst versehen. Das Konsistorium der Kirchenprovinz Westfalen kann im

Bericht über die Gefängnisseelsorge noch am 4. Dezember 1944 schreiben: »In den meisten Strafanstalten hat der Geistliche auch heute noch Zugang zu den Zellen der Gefangenen ... Erfreulich ist, wenn ein Pfarrer berichten kann: ›Zur Ausübung der Einzelseelsorge ist es mir gestattet, täglich nach eigner Zeitwahl die Gefangenen in ihren Zellen zu besuchen.‹«

Ende September 1944 kommt eine Verfügung des Reichsjustizministers, die für die Kriegsdauer aus Mangel an Aufsichtspersonal jeden Gottesdienst untersagt. Der Geistliche Vertrauensrat der Deutschen Evangelischen Kirche, aus dem zerbombten Berlin inzwischen nach Stolberg im Harz ausgewandert, protestiert daraufhin Ende November 1944 beim Reichsminister der Justiz:

»Die evangelische Kirche wird immer Verständnis haben für die Notwendigkeit, sich den Erfordernissen des totalen Kriegseinsatzes anzupassen. (...) Daß aber die Gottesdienste in der heutigen ernsten Zeit, ohne daß eine Fühlungnahme mit den kirchlichen Stellen stattgefunden hätte, ja ohne daß die Leitung der Deutschen Evangelischen Kirche auch nur verständigt worden wäre, mit einem Federstrich beseitigt worden sind und die Einzelseelsorge darüber hinaus offenbar unnötigen Beschränkungen unterworfen wird, gibt uns Veranlassung, mit allem Nachdruck ernste Vorstellungen zu erheben.«

Der Reichsminister der Justiz beeilt sich, dem Geistlichen Vertrauensrat zu versichern, er habe »die Einzelseelsorge völlig unberührt gelassen, wenngleich es selbstverständlich ist, daß auch sie die Arbeitszeit nicht unterbrechen darf.« Er habe auch nicht eine Einstellung der Gottesdienste »schlechthin« verfügt, sondern »nur bezweckt, daß die Gottesdienste insoweit eingestellt werden, als sie mit den Anforderungen des totalen Krieges nicht vereinbar sind.«

Um das Mißverständnis auszuräumen, er habe ein generelles Gottesdienst-Verbot erlassen, habe er die im Abdruck beigefügte Rundverfügung vom 12. Dezember 1944 erlassen. Dort heißt es tatsächlich: »Wo und soweit ... die den Anforderungen des totalen Krieges entsprechende Arbeitszeit durch die Gottesdienste nicht beeinträchtigt ist und Gewähr für die Aufrechterhaltung der Anstaltssicherheit besteht, sind die Gottesdienste namentlich zu Weihnachten und an anderen Festtagen auch weiterhin zuzulassen.«

Johannes Schlingensiepen, 1933 Pastor in Unterbarmen, in einem Rückblick:

»In Barmen hatten wir vor den Toren der Stadt das Konzentrationslager Kemna vor Augen mit all den Scheußlichkeiten, die dort geschahen. Wir mußten deshalb auch wissen, was in Dachau und Oranienburg, in Flossenbürg und Theresienstadt und an all den anderen Orten des Grauens vor sich ging. Wir konnten uns nicht damit entschuldigen, wir hätten von alledem nichts gewußt.«

Von der Scham, Deutscher zu sein

Gegen die Geschichtslüge

Ich bin im März 1942 geboren. In diesem Monat beginnt der Massenmord an mehr als 600 000 jüdischen Kindern, Frauen und Männern im Vernichtungslager Belzec. Ich habe den Namen Belzec in meiner Jugend nie gehört.

Heute weiß ich: Die Mörder, die mehr als 600 000 Juden in Gaskammern peitschten, wurden dafür nicht bestraft. Ein deutsches Gericht meinte, sie hätten keine besonderen Aktivitäten entwickelt und dem Fortbestand des Nazi-Regimes keinen Vorschub geleistet.

Wir denken heute an den Kriegsbeginn vor 50 Jahren. Mir wurde dieser Krieg als eine Abfolge von Schlachten beigebracht. Ich habe aber nicht gehört, daß zunächst in Polen und anschließend in der Sowjetunion die Zivilbevölkerung brutal ausgeplündert wurde. Ich habe ebenso nicht gehört, daß die deutsche Wehrmacht sogar die Ermordung von Frauen und Kindern rechtfertigte. Daß ganze Ortschaften niedergebrannt wurden und daß Greise, Frauen und Kinder bei lebendigem Leibe in diesen Häusern verbrannten. Andere wurden lebend in Brunnen geworfen.

Millionen wurden zur Zwangsarbeit verschleppt. »Man fängt jetzt Menschen«, heißt es in einem Brief aus der Ukraine, »wie die Schinder früher Hunde gefangen haben.« Unzählige krepieren bereits auf dem Transport. Die meisten verhungern, erfrieren, sterben an Seuchen und Mißhandlungen. Wir müssen uns nur einmal vorzustellen versuchen, daß bei Krupp in Essen sogar je fünf Mann in einer Hundehütte untergebracht waren.

Wo deutsche Truppen marschieren, werden psychiatrische Krankenhäuser und Behindertenheime leergemordet — zum Teil auf ausdrücklichen Wunsch der Wehrmacht. Im Kriegstagebuch des 29. Armeekorps wird die Ermordung geisteskranker Frauen damit begründet, daß russische Ärzte »die Irren auf das Durchschneiden von ... Fernsprechleitungen dressiert« hätten. Das Panzer-Armeeoberkommando 3 ordnet im Juni 1942 die Ermordung von 113 Behinderten an. Begründung: »Es bestand der Verdacht, daß die Krüppel zu Spionagezwecken mißbraucht werden...«

Ich habe viel davon gehört, daß das Leben in russischer Kriegsgefangenschaft schrecklich gewesen ist. Man hat mir aber nicht gesagt, daß die deutsche Wehrmacht sowjetische Kriegsgefangene bewußt verhungern und erfrieren ließ. Andere wurden erschossen oder Himmlers Mordkommandos zum Erschießen ausgeliefert. »Die 6. Armee«, heißt es in einem deutschen Bericht, »hat Befehl gegeben, daß alle schlappmachenden Kriegsgefangenen zu erschießen sind. Bedauerlicherweise wird dies ... selbst in Ortschaften vorgenommen, so daß die einheimische Bevölkerung Augenzeuge dieser Vorgänge ist.« Etwa drei Millionen Rotarmisten sterben auf diese Weise in deutscher Kriegsgefangenschaft. Wurde ihrer jemals ernsthaft gedacht?

Seit dem Überfall auf Polen stehen die Juden auf der Vernichtungsliste. Die Ermordung der Juden ist arbeitsteilig geregelt: Die Wehrmacht überstellt die Opfer, Himmlers Einsatzkommandos erschießen sie. Manchmal wird jedoch nicht arbeitsteilig, sondern auch gemeinsam gemordet. Im Einzelfall beschweren sich Himmlers Erschießungskommandos sogar, daß ihnen von deutschen Soldaten ins Mordhandwerk gepfuscht wird. In einer Ereignismeldung des Chefs der Sicherheitspolizei vom 20. Oktober 1941 heißt es zum Beispiel: »Entgegen der Planung kam es in Uman bereits am 21. 9. 1941 zu Ausschreitungen gegen die Juden ... unter Beteiligung zahlreicher deutscher Wehrmachtsangehöriger ... Durch die planlosen Ausschreitungen gegen die Juden von Uman hat die Systematik der Aktion des Einsatzkommandos außerordentlich gelitten.«

Es ist eine Geschichtslüge, die Wehrmacht habe nichts gewußt, nichts gesehen, sei nicht beteiligt gewesen: Im Juni 1941 zettelt die SS in der litauischen Stadt Kowno ein Judenpogrom an. Drei Tage lang werden Juden öffentlich und unter Beifall und Bravorufen erschlagen. Deutsche Soldaten und Unteroffiziere stehen gaffend dabei und fotografieren. Die Führungsabteilung der 16. Armee kann dem Massenmord vom Hotelfenster aus zusehen und unternimmt nichts.

Im August 1941 werden in der ukrainischen Stadt Shitomir Juden öffentlich ermordet. Angehörige des Armeeoberkommandos 6 und anderer Wehrmachtseinheiten sehen zu. Soldaten feiern die Hinrichtung als Volksfest. Ein Lautsprecherwagen der Armee spielt lustige Weisen und Märsche. Im Rücken der Wehrmacht?

In einem Befehl des Chefs des Oberkommandos der Wehrmacht vom 12. September 1941 heißt es: »Der Kampf gegen den Bolschewismus verlangt ein rücksichtsloses und energisches Durchgreifen vor allem auch gegen die Juden, die Hauptträger des Bolschewismus.« Zwei Wochen später, am 29. und 30. September 1941 werden in der Schlucht von Babi-Yar, nahe Kiew, 33771 Juden ermordet. Wehrmacht und Himmlers Einsatzkommandos haben das unvorstellbare Verbrechen gemeinsam geplant und gemeinsam zu vertuschen versucht. Generaloberst Hermann Hoth in einem Befehl vom 17. November 1941: »Es ist die gleiche jüdische Menschenklasse, die auch unserem Vaterlande durch ihr volk- und kulturfeindliches Wirken so viel geschadet hat ... Ihre Ausrottung ist ein Gebot der Selbsterhaltung.«

Es gibt zu dieser Zeit einen regelrechten Exekutions-Tourismus. In der lettischen Hafenstadt Libau spazieren die Zuschauer zu den fast allwöchentlichen Massakern wie zu einem Gaudi. Die Schaulustigen — Soldaten, Eisenbahner, Postbeamte — sitzen zigarettenrauchend dabei, als Juden im Laufschritt ins Massengrab getrieben und abgeknallt werden.

Nicht einmal der Massenmord in Treblinka bleibt unbesichtigt. Hunderte von Soldaten und Zivilisten gaffen an den Zäunen, fotografieren wie Touristen.

Ich habe immer gehört, man habe die Täter zum Mitmachen gezwungen. Sonst wären sie selbst erschossen worden, zumindest ins KZ gekommen. Anderes habe ich mir auch nicht vorstellen können.

Doch auch dies ist eine Geschichtslüge, die man meiner Generation aufgeschwatzt hat. Die Wahrheit ist: Es gibt keinen einzigen, der erschossen wurde oder ins KZ kam, weil er sich weigerte, Juden zu erschießen oder in die Gaskammern zu prügeln. Warum auch? Es gab genug Freiwillige, die mitmachten.

Der 1. September ist nicht nur der Tag, an dem deutsche Truppen Polen überfielen. Auf den 1. September 1939 ist auch ein Schreiben Hitlers datiert, das deutsche Ärzte zum Mord an Kranken und Behinderten ermächtigte. Die Ermordeten sind bis heute nicht als Opfer der Nazi-Herrschaft gesetzlich anerkannt. Ich denke, dies hängt damit zusammen, daß so viele Mediziner am Krankenmord beteiligt waren, die nach 1945 Karriere machen konnten. Dies hängt vielleicht auch damit zusammen, daß die deutsche Justiz die Ermordung der Kranken deckte und kein Richter wegen Beihilfe zum Massenmord verurteilt wurde.

Dies ist wohl der Grund so vieler Geschichtslügen: Viel zu viele waren beteiligt, hatten Unrecht gedeckt oder gar befohlen und nach 1945 Karriere gemacht. Selbst Polizeibeamte, die zur Verfolgung von Naziverbrechen eingesetzt waren, hatten mitunter selbst Juden erschossen. Kein Berufsstand, der ohne Schuld geblieben wäre. Und weil so viele beteiligt waren, einigte man sich unausgesprochen, von nichts, aber von gar nichts gewußt zu haben.

Vor einigen Monaten fand ich in Archiven zahlreiche sowjetische Dokumente. Es sind Berichte, die die Verbrechen in Zahlen und Einzelschicksalen festhalten. Aus jeder von Deutschen besetzten Stadt gibt es solch schreckliche Bilanzen. Unter den Dokumenten fand ich auch den Bericht einer Frau, die das Massaker von Babi-Yar überlebte. Wir müssen uns das vorstellen: Eine jüdische Frau überlebte den Mord an mehr als 30000 Menschen. Ihr Bericht steht in keinem Geschichts- und keinem Schulbuch, er wurde von den Historikern übersehen.

Ebenso fand ich die Schilderung eines Mannes, der in dieser Schlucht bei Kiew den Leichen zunächst die Goldzähne auszubrechen hatte. Danach mußte er die Leichen schichten, verbrennen und die Reste in einer Knochenmühle zermahlen. Eines Tages hatte er die nackte Leiche seiner Frau zu verbrennen. Er flehte darum, getötet zu werden. Die Antwort: Er habe so lange am Leben zu bleiben, wie er gebraucht werde und arbeitsfähig sei.

Ich kenne viele solcher Berichte, die von der Erniedrigung der Menschen in Polen, in der Sowjetunion und in den anderen besetzten Ländern handeln. Mir ist oft elend, wenn ich daran denke, was da Menschen in deutschem Namen und von Deutschen angetan wurde und wie eiskalt dies verdrängt wurde und wird. Wenn ich an das Geschehene denke und an die Leugnung des Leids dieser Menschen, empfinde ich Scham, Deutscher zu sein. Die Achtung der Opfer und unsere Selbstachtung verlangt, daß wir uns zu diesem widerlichen Teil deutscher Geschichte ohne Schönfärberei und Schönhuberei bekennen.

Verdrängt und vereinnahmt

Die selektive Wahrnehmung des deutschen
Widerstandes

Vom deutschen Widerstand, erschrecken Sie nicht,
habe ich die meiste Zeit meines Lebens wenig gehalten. Denn auch ich gehöre zu jenen, die den Widerstand in der Hitlerzeit nur selektiv, frei übersetzt: mit
Scheuklappen, wahrgenommen haben. Als Schul-
buben mußten wir im Pausenhof antreten, wo wort-
reich der Helden des 20. Juli gedacht wurde. Der deutsche Widerstand, das war in meinem Weltbild und in
der Literatur, die mir in die Finger kam, Offizierssache
und das Werk einiger bekannter Christen und Gewerkschafter. Und diese waren hingerichtet, tot,
konnten sich gegen jedwede Vereinnahmung nicht
mehr wehren.

Der Häftlinge in den Konzentrations- und Arbeits-
lagern wurde bei den Schulfeiern nicht gedacht. Daß
gerade in Hessen psychisch Kranke und Behinderte zu
Tausenden vergast oder vergiftet wurden, wurde mir
nicht vermittelt. Schlimmer noch: Als Kinder im
Nachkriegs-Frankfurt hatten wir ein Spiel. Einer
sagte da: »Ich bekomme noch fünfzig Pfennige von
dir!« — »Warum?« wurde dann zurückgefragt. Die
Antwort: »Weil ich Dir in Idstein über die Mauer ge-
holfen habe.« Wir hatten keine Ahnung, daß in der
Heilerziehungsanstalt Kalmenhof in Idstein behinderte Kinder und Fürsorgezöglinge schaurig mißhandelt und mit Giftspritzen ermordet wurden. Während

wir damals unsere Witze machten, kämpften die Honoratioren des Ortes um die Freilassung der in Frankfurt verurteilten Mordgehilfen. Das Argument, natürlich nicht nur in Idstein: So wertvolle Menschen dürften nicht wie gemeine Verbrecher behandelt werden.

In dieser Woche las ich die Aussagen einer Frankfurter Bürgerin, Mitglied der NSDAP und NS-Frauenschaft, Ortsgruppe Praunheim. Sie war noch jung, als sie zusammen mit sechs weiteren überzeugten Nazis dieser Stadt 1940 ins sächsische Pirna, unweit Dresden, geschickt wurde. Ihre Aufgabe: Sie hatten in der dortigen Vergasungsanstalt Sonnenstein zunächst dem Krankenmord und später auch der Ermordung von KZ-Häftlingen zuzuarbeiten. Die junge Frau, damals 22 Jahre alt, erfaßte die Mordopfer auf Transportlisten und tippte die verlogenen Beileidsbriefe an die Hinterbliebenen. In der Vergasungsanstalt lernt sie ihren Ehemann kennen, der als Verwaltungsfachmann den Mordbetrieb organisiert. Schließlich wird sie schwanger und scheidet aus. 1946 erklärt sie einem Ermittlungsrichter in Dresden: »Wie viele Kranke auf dem Sonnenstein im ganzen vergast worden sind — bei uns hieß es umgelegt —, habe ich nicht verfolgt.« Zwanzig Jahre später, 1966, meint sie gegenüber einem Frankfurter Untersuchungsrichter: »Ich . . . bin auch heute noch der Auffassung, daß im Interesse dieser Personen ihre Tötung das richtige war«. Das Ehepaar, das sich in der Vergasungsanstalt lieben lernte, lebte nach dem Kriege unangefochten in Frankfurt. Der Ehemann, zunächst Verwaltungsfachmann in Sonnenstein, dann in der Mordzentrale und zuletzt zur Partisanen- und Judenbekämpfung in Italien eingesetzt, wird Stadtoberinspektor hier in dieser Stadt. Die Helfer des Mordsystems blieben unbehelligt, die Opfer des Krankenmordes sind bis heute nicht als NS-Verfolgte anerkannt.

Die Leiden der Opfer der Nazi-Herrschaft wurden nach 1945 nicht zur Kenntnis genommen, weil so viele nach 1945 Karriere machten, die ihre Leiden verursacht hatten. Es wurde viel verdrängt: zum Beispiel die Erniedrigung der Zwangssterilisierten, weil die Täter im Arztkittel weiterhin praktizierten. Verdrängt wurde auch die sogenannte Vernichtung durch Arbeit von angeblich Asozialen, heute Stadtstreicher, Penner, Berber genannt, weil Fürsorgepraktiker, die ihre Eliminierung gefordert hatten, weiterhin im Sozialbereich arbeiteten. Verdrängt wurde auch der Massentod ausländischer Zwangsarbeiter, weil sie im Dienste weltbekannter Firmen umgekommen waren. Sehr spät sind auch jene in unseren Blickwinkel geraten, die lieber desertierten, als mörderische Befehle der Wehrmacht auszuführen. Es hat in den vergangenen Monaten viel Erregung gegeben, weil Soldaten als Mörder bezeichnet wurden. Wo aber blieb die Erregung darüber, daß Soldaten der Wehrmacht tatsächlich an der Ermordung — oder wie sonst sollte ich es nennen? — von unschuldigen sowjetischen Zivilisten (Greisen, Frauen, Kindern) beteiligt waren. Ebenso an der Ermordung von Kriegsgefangenen und Juden. Was geschehen ist, ist in Befehlen und Vollzugsmeldungen erhalten und nachzulesen. Wo blieb der Aufschrei?

Wir wissen, daß 1945 kein Bruch gewesen ist. Es gab nicht einmal die Jagd auf die »IMs«, die »Informellen Mitarbeiter« des Nazi-Terrors. Fast alle kamen nach ihrer »Entnazifizierung« früher oder später wieder in Amt und Würden. Ihre Litanei hatte Erfolg, wonach sie nur ihre Pflicht getan hätten oder zum Mitmachen gezwungen worden seien. Andere hatten angeblich nur mitgemacht, um Schlimmeres zu verhüten oder den Nazi-Terror zu sabotieren. Die Täter gaben sich zunächst als Opfer, bald gar als Widerstandskämpfer aus. Bei so vielen selbsterklärten Opfern und heimlichen Widerstandskämpfern blieb für die wirklichen Opfer und Widerstehenden kein Raum. Die erinnerten ja auch daran, daß nicht alle mitgemacht hatten.

Ich habe mich oft gefragt, als ich an diesem Vortrag arbeitete, wie mögen Sie, die Sie hier heute geehrt werden, das ertragen haben, als die Organisatoren und Funktionäre des Hitler-Staates wieder in ihre Ämter kamen? Ich selbst habe Professoren vor Augen, die Behinderte für die Gaskammern selektiert hatten und dennoch hochgeehrt, zum Teil mit Bundesverdienstkreuz dekoriert, weiter lehren konnten. Ich habe zwei Kommandoführer vor Augen, die im Nürnberger Einsatzgruppenprozeß wegen der Judenmorde zum Tode verurteilt worden waren. Der eine wurde hingerichtet. Seine Frau bekam Kriegsopferrente, obwohl der Mann kein Kriegs*opfer*, sondern ein Kriegs*verbrecher* gewesen war. Der andere wurde dank kirchlicher Fürsprache begnadigt und umgehend als Studienrat für Deutsch, Geschichte und Gemeinschaftskunde im kirchlichen Schuldienst eingesetzt. Ich denke an jene Juristen, die sich als Roland Freislers »Panzertruppe der Rechtspflege« betätigt hatten und dennoch unbehelligt blieben. In diesen Jahren konnte den Opfern des Nazi-Unrechts kaum Gerechtigkeit widerfahren.

Ich denke weiter an ein Ermittlungsverfahren, das ergebnislos verlief. Es ging in diesem Verfahren um Massenexekutionen von Juden und Sowjetbürgern in der Ukraine. Der Massenmord geschah in aller Öffentlichkeit. Doch nur die Mannschaftsdienstgrade der Exekutionskommandos konnten oder wollten sich erinnern. Nicht aber die Vorgesetzten. Und diese waren dann — als spät die Justiz ermittelte — unter anderem Ministerialrat in einem Kultusministerium, Regierungsdirektor im Deutschen Bundestag, Kriminalinspektor beim Bundeskriminalamt, Erster Staatsanwalt, Senatspräsident beim Oberlandesgericht, Regierungsrat in einem Justizministerium. Besonders belastet erschien der Syndikus eines Sparkassen- und Giroverbandes hier in dieser Stadt.

Seine Karriere in Stichworten: Ende 1938 kommt er als 25jähriger zur Gestapo beim Hauptamt der Sicherheitspolizei in Berlin. 1942 wird er zum Befehlshaber der Sicherheitspolizei und des Sicherheitsdienstes nach Kiew beordert. Er ist Angehöriger des Sonderkommandos 4a, ein Sonderkommando, das extrem grausame Verbrechen auf dem Gewissen hat. 1943 wird er in der Ukraine Leiter der Gestapo und zumindest kommissarisch Kommandeur der Sicherheitspolizei und des Sicherheitsdienstes. Als die Sowjets im Vormarsch sind, wechselt er als Leiter der Stapoleitstelle nach Straßburg. Nach '45 beteuert der Ex-SS-Sturmbandführer, von Judenmord und Verbrechen nichts gesehen und gehört zu haben. Obgleich sein

Name in zahlreichen Ermittlungsverfahren auftaucht, hat ihn die deutsche Justiz auch keines Verbrechens überführt. Nur die Sieger des Krieges urteilten anders. Ein britisches Militärgericht verurteilt ihn 1946 wegen der Erschießung von Kriegsgefangenen zu zehn Jahren Freiheitsstrafe, die 1952 als verbüßt gelten. Zwei Jahre später verurteilt ihn ein französisches Militärgericht in Metz in Abwesenheit sogar zum Tode. Die einzige Konsequenz aus diesem Urteil: Als der Sparkassenverband zum Betriebsausflug einmal nach Straßburg reist, bleibt der Syndikus lieber zu Hause.

Wer auf seiten der Täter Karriere gemacht hatte, erlebte nach '45 in der Regel Wohlstand und soziale Anerkennung. Die unter den Nazis gelitten hatten, sahen es erbost, viele resignierten. Diesen Teil unserer Geschichte können wir beklagen, aber nicht ändern. So ist es eine Realität, daß aus Polen oder der UdSSR verschleppte Zwangsarbeiter nicht als Opfer entschädigt wurden, während ein Gestapo-Leiter seine gutdotierte Pension verzehren kann. Eine Realität ist auch, daß viele Sinti und Roma nicht entschädigt wurden, weil zur Begutachtung der Entschädigungsfälle nach den Akten ihrer Verfolger geurteilt wurde. Nein, beschieden dann Entschädigungsbehörden, diese Sinti und Roma seien nicht aus rassischen Gründen verfolgt, sondern als Asoziale verwahrt worden.

Frauen und Männer des Widerstandes wurden nach dem Entschädigungsrecht noch einmal selektiert. Im Zeitalter des Kalten Krieges wurde der kommunistische Widerstand unterschlagen, die Inhaftierung von Kommunisten mitunter noch einmal gerechtfertigt. Obgleich — oder weil? — Kommunisten nach den Juden am massivsten verfolgt worden waren. Wer sich nicht mehr politisch betätigte, wurde entschädigt, wer seiner Überzeugung nicht abschwor, das heißt Mitglied der Kommunistischen Partei blieb, lief Gefahr, nicht entschädigt zu werden. So verwundert es nicht, daß der Widerstand von Kommunisten verdrängt und auch aus der Widerstandsliteratur verbannt wurde.

Die DDR handelte entsprechend. Sie hatte den Widerstand sozusagen gepachtet, predigte mit Absolutheitsanspruch die führende Rolle der KPD im antifaschistischen Kampf. Die Gedenkstätte der Euthanasie-Anstalt Bernburg in der ehemaligen DDR, wo erst Geisteskranke, dann KZ-Häftlinge in der Gaskammer starben, blieb zu DDR-Zeiten vor allem deshalb erhalten, weil dort auch Kommunisten ermordet worden waren. Allen voran Olga Benario, Jüdin, kommunistische Revolutionärin, die bezeichnenderweise hier bei uns kaum bekannt ist. Vor einiger Zeit fragte bei mir ein Archiv an, das eine Dokumentation über Frauen im KZ erarbeitet hatte. Man hatte bis dahin Frauen gewürdigt, die dem sozialistischen Typus entsprachen. Nun, nach der unverhofften Vereinigung von Deutschland-West und -Ost, suchte man händeringend Material über eine Christin, die im KZ gesessen hatte, um sie nachträglich in die Dokumentation aufzunehmen. Die selektive Wahrnehmung von Widerstand hat es im Westen wie im Osten gegeben.

Wahrnehmung und Darstellung des Widerstandes stehen stets in der Gefahr, politisch mißbraucht zu werden. Nun, nach der Vereinigung, wird zum Beispiel in Buchenwald wieder einmal versucht, Verbrechen durch Deutsche mit Unrecht an Deutschen aufzurechnen. In Buchenwald hat die sowjetische Militärregierung nach dem Krieg Nazi-Verdächtige inhaftiert. Es besteht heute kein Zweifel, daß auch zu Unrecht Belastete darunter waren. Tausende der Internierten sind aufgrund der katastrophalen Lebensbedingungen gestorben. Nun soll in Buchenwald neben den KZ-Opfern, den Nazi-Opfern auch der Internierungs-Opfer der Sowjets gedacht werden. Die Aufrechnerei wird bezeichnenderweise nur in der Ex-DDR vorgenommen. Dabei sind in den ehemaligen Konzentrationslagern im Westen von der britischen wie der amerikanischen Militärregierung ebenfalls Nazi-Verdächtige interniert worden. Aufgrund der katastrophalen Lebensbedingungen in der Nachkriegszeit sind zum Beispiel auch in Lagern der Amerikaner viele Internierte elend gestorben. Das Beispiel Buchenwald auf Dachau angewendet, würde bedeuten, daß in Dachau der KZ-Häftlinge wie der dort von den Amerikanern internierten KZ-Wächter gedacht werden müßte. Wer Opfern und Tätern gleichzeitig gedenken will, beleidigt die Opfer.

Es geht nicht um Anklage, sondern um die Frage, warum Menschen wie ich erst so spät jene würdigen können, die unter dem Nazi-Regime gelitten und ihm widerstanden haben. Das liegt zum einen, denke ich, an der am Anfang geschilderten Gedenkkultur. Die Toten ließen sich als Märtyrer gut vereinnahmen. Sie wurden auf hohe Podeste gehoben, hinter denen viele Mitläufer und -täter in Deckung gehen konnten.

Je nach politischem Standort gibt es gute und zu ignorierende Widerstandshelfer. Am besten waren die, die tot waren. Sie konnten sich gegen ihre Vereinnahmung nicht mehr wehren. Die überlebt hatten, waren und sind oft schwierig im Umgang. Sie wußten und wissen nämlich, daß viele der eilends gestrickten Widerstandslegenden nicht stimmen, daß viele, die die Widerstandsfahne getragen haben wollten, eilfertig mitmarschiert waren.

Ein gutes Beispiel ist Martin Niemöller, der die Nazis früh gewählt hatte und nach dem Kriege seine Erkenntnis aus dem Konzentrationslager in die bekannten Worte faßte: »Als die Nazis die Kommunisten holten, habe ich geschwiegen. Als sie die Sozialdemokraten holten, habe ich geschwiegen. Als sie die Gewerkschafter holten, habe ich nicht protestiert, ich war kein Gewerkschafter. Als sie mich holten, gab es keinen mehr, der protestierte.«

Niemöller war nach dem Krieg der einzige leitende Kirchenmann, der ohne Beschönigungsfloskeln Schuld bekannte und die Schuldigen in den eigenen Reihen amtsenthoben sehen wollte. Das machte ihn lästig, obgleich man ihn als Widerstandsaushängeschild gegenüber dem Ausland gut vermarkten konnte. Der schweizerische Theologe Karl Barth hat die Situation 1946 in einem Brief an Niemöller trefflich beschrieben: »Die Art, wie man Dich ... in Ehren kaltzustellen und unschädlich zu halten versucht hat«, schreibt Karl Barth, »ist in der Tat verräterisch. (...) Es ist klar wie liebe Sonne, daß du ihnen ... bis zutiefst in die Bekennende Kirche hinein unheimlich und unbequem bist und daß es irgendeine Ecke in ihrer Seele gibt, in welcher sie wohl wünschten, es stünde zu Dachau oder anderwärts ein wunderschönes Gedächtniskirchlein, zu welchem sie alle Jahre einmal wallfahrten, und so sie dann — Heiliger Martin, bitt' für uns arme Sünder! — etliche Horen zu Deinen Ehren singen könnten . . .«

Tote Widerstandskämpfer sind gute Widerstandskämpfer, weil mit ihrer Verklärung eigenes Versagen überdeckt werden kann. Die Überlebenden dagegen nerven, bleiben lästig, sofern sie an Versagen erinnern oder Schuldige gar zur Rechenschaft gezogen sehen wollen. Die Überlebenden hatten in der Vergangenheit eine wichtige Aufgabe. Ihre Erfahrung, ihre moralische Autorität gewährleistete, daß Geschichtsfälscher und Verharmlosungsexperten nie ohne Widerspruch blieben. Die Aufgabe bleibt. Denn Aufklärung tut not in unserem Land, wo Alt- und Neunazis immer noch von der Auschwitz-Lüge reden, wo Ausländer schon wieder um Gesundheit und Leben fürchten müssen, sofern sie um Asyl bitten. Wache Gewissen sind notwendig in unserem Land, wo die Ewiggestrigen immer noch oder schon wieder Wähler finden.

Bautzen

Das ehemalige Zuchthaus Bautzen steht für Hunger und Seuchen, Folter und Tod. Wie viele Gefangene dort gestorben, wie viele überhaupt interniert gewesen sind, ist nicht bekannt. Mit einem der Internierten bin ich in seiner Frankfurter Mietswohnung verabredet. Nach dem Klingelzeichen ertönt lautes Hundegebell. »Das ist unsere Kleine«, erklärt der Hausherr, »sie ist in der Küche eingesperrt.« Drei Schritte im Korridor, dann sind wir im Wohnzimmer. Ich muß versprechen, seinen Namen nicht preiszugeben. Während der Fernseher läuft, erzählt er seine schier unglaubliche Geschichte:

Am 28. Mai 1945, er war gerade 16 Jahre alt, klingelte es an der Berliner Wohnungstür. Sowjetische Agenten fragen nach ihm, sagen der Mutter: »Wir müssen ihn für zwei Stunden mitnehmen.« Im Auto bekommt er einen Sack über den Kopf. Er wird in einer Zelle eingesperrt, ohne Licht, Decke, Essen. Keine Vernehmung. Am nächsten Tag steht er acht Offizieren gegenüber. Ein Dolmetscher fragt nach Namen und Rang bei der Hitlerjugend. Eine halbe Stunde später wird das Urteil verkündet. Der Übersetzer erklärt ihm: »Sie sind gerade zum Tode verurteilt worden durch die russische Armee.«

Der ehemalige Gefolgschaftsführer der HJ vermutet heute Sippenhaft, da der Bruder seines Vaters

SS-Obersturmbannführer gewesen war: »Ich habe für ihn die Jahre runtergebracht. Ich war das Lamm, das geschlachtet wurde.« Der 16jährige kommt nach Bautzen, Haus II, in die Todeszelle (»Da lag ich viereinhalb Monate«). Eines morgens wird ihm eröffnet, er sei zu 25 Jahren Zwangsarbeit begnadigt. Er muß zum Totenkommando. Sein Arbeitsfeld ist ein Hügel außerhalb des Zuchthauses, wo die Leichen verscharrt werden: »Zuerst kamen die Krähen, dann die Karnickel.« Bis heute heißt der Hügel Karnickelberg.

1950 übernahm die Volkspolizei (»Die Verbrecher der Vopo«) das Zuchthaus, üble Figuren darunter, wie jener Generalmajor, der »Leuten Luft in den Magen pumpte, bis sie platzten.« Der ehemalige Hitlerjunge wird Weihnachten 1955 aus Bautzen entlassen, nach 128 Monaten. Er macht das Abitur nach, wird Ingenieur, heiratet und nimmt den Namen seiner Frau an (»um zu vergessen«). Mit dem Fall der Mauer holt ihn die Vergangenheit ein: »Die Kameraden haben mich gesucht, weil ich Bescheid weiß, wo die Toten liegen.«

Der Ex-Häftling möchte, »daß Bautzen wie Auschwitz eine Gedenkstätte wird.« Er begründet dies: »Im Interesse meiner toten Kameraden. Daß eine Anlaufstelle ist für die Frauen, die auf ihre Männer umsonst gewartet haben. Daß sie hingehen und sagen können, da liegt mein Mann.« Auf die Frage nach den Verhaftungsgründen der Mitgefangenen antwortet er: »Wir wußten nicht, warum wir saßen.«

Ich muß ihn so zweifelnd angesehen haben, daß er anmerkt: »Es waren viele SS-Leute dabei. Da war der Kaduk. Er war mein Bettnachbar. Als Kamerad schätzte ich ihn. Er war offen und gerade.« »Hat er von Auschwitz erzählt?«, frage ich, da der gelernte Fleischer Oswald Kaduk vom Frankfurter Landgericht 1965 zu lebenslänglicher Haft verurteilt worden ist. Im Urteil heißt es, er sei einer der grausamsten und ordinärsten SS-Männer in Auschwitz gewesen, habe Häftlinge aus nichtigem Anlaß getötet. Kaduks Zellengenosse: »Er hat nie über seine Sache geredet.«

Ob er in der Haft zwischen Nazi-Tätern und anderen Häftlingen unterschieden habe, möchte ich wissen. »Ich hab nicht gefragt«, sagt er. »Im Lager hieß es zusammenhalten, Kamerad sein, durchkommen. Wer viel fragt, kann viele Unannehmlichkeiten bekommen.« Auf die Frage, ob vom Bautzen-Komitee, der Vereinigung der ehemaligen Häftlinge, diese Fragen gestellt würden, antwortet er: »Nein. Es geht um den Zusammenhalt der Häftlinge.« Die Sitzungen des Bautzen-Komitees meidet er, weil er die »vielen Spitzel und Verräter« nicht wiedersehen will: »Wir hatten Lumpen darunter, für ein Stück Brot hat mancher seine eigene Haut verraten.« In Bautzen saßen Nazi-Verbrecher, Kriminelle, Regimegegner des SED-Staates und solche, die dafür gehalten wurden.

»Ich traue niemand«, sagt der heute 65jährige. Im Haus kennt er nur die Nachbarn auf der Etage. Ob er wenigstens ein Hobby habe, frage ich. »Ja«, meint er, »ich spiele Schach.« Nach einer Pause fügt er hinzu: »Gegen mich selbst.« Die Ehefrau kommt kurz herein. Sie hat den Hund (»unser kleines Mädchen«) ausgeführt, der sich als ausgewachsener Schäferhund erweist. Das Ehepaar geht nie aus. Nur zum Grab der

Eltern der Ehefrau gehen sie manchmal und zum Hundefriedhof, wo ihre Schäferhunde liegen.

Der Ex-Häftling kämpft um die Anrechnung der Zuchthausjahre auf die Rente. Kürzlich war er wegen der Rentengeschichte im Krankenhaus. Die Ärzte mühten sich sehr um ihn. Der ehemalige HJ-Führer: »Erstklassiges Ärztematerial«. 1955 wurde er aus Bautzen entlassen. »Das Schlimmste, was es gibt«, fast vierzig Jahre danach spricht er noch immer in der Gegenwartsform, »ist, Kameraden zu bestehlen oder zu verraten.« In Frankfurt am Main wohnt er zur Miete, doch in seinen Gedanken lebt er noch immer in Bautzen.

Major Max Liedtke,
ein »Gerechter der Völker«

Am Anfang des Jahres wurde einem ehemaligen
Wehrmachtsoffizier in Jerusalem der Titel »Gerechter
der Völker« verliehen. Eine ungewöhnliche Ehrung,
zumal der von den Israelis Geehrte letztlich keinen
einzigen Juden vor dem Tod bewahrt hatte. Aber er
hatte einen Konflikt gewagt, der einmalig bleiben
sollte im Zweiten Weltkrieg. Die Rede ist von Major
Max Liedtke.

Liedtke wird im Juli 1942 Ortskommandant im
polnischen Przemysl. Przemysl am San, einem
Nebenfluß der Weichsel, hat im Juli 1942 etwa
60 000 Einwohner, davon 26 000 Juden. Diese hun-
gern in einem Getto, bedroht von Typhus und Fleck-
fieber. Glücklich schätzen sich jene, die als Zwangsarbeiter bei der Wehrmacht eingesetzt sind, als sogenannte Wehrmachtsjuden. Sie dürfen sich Essens-
reste von Abfallhaufen mitnehmen. Manchmal bekommen sie von Soldaten auch Lebensmittel zu-
gesteckt.

Am 25. Juli 1942 wird die Bevölkerung durch Plakate
informiert, in zwei Tagen beginne eine »Judenaus-
siedlung«, eine der üblichen Nazi-Umschreibungen für
den Abtransport in ein Vernichtungslager. Polizei
umstellt am selben Tag das Getto. Ortskommandant
Max Liedtke erfährt am nächsten Morgen, daß bei der
»Aussiedlung« auch 95 Prozent seiner »Wehrmachts-

juden« deportiert werden sollen, die er dringend als Arbeitskräfte benötigt.

Um den Abtransport zu verhindern, läßt Liedtke die Brücke über den San, die Stadt und Getto verbindet, durch Wehrmachtsangehörige sperren. Zivilisten und jüdische Arbeiter dürfen die Sperre passieren, SS-Leute und die bei den Judendeportationen eingesetzten Polizisten dagegen nicht. Liedtke läßt alle Polizeifahrzeuge und alle Wagen der Waffen-SS stoppen. Ein Polizeifahrzeug, das dennoch die Brücke passieren will, wird sogar mit der Maschinenpistole bedroht. Mehrere hundert Menschen verfolgen den Kampf der Wehrmacht gegen die Polizei. Der SS- und Polizeiführer im Distrikt Krakau gesteht dem Ortskommandanten daraufhin fernmündlich zu, die »Wehrmachtsjuden« nicht zu deportieren. Liedtke hebt deshalb gegen 14 Uhr die Brückensperre auf. Am Nachmittag schickt er seinen Adjutanten zum jüdischen Getto. Der Adjutant holt mit Waffengewalt etwa 80 bis 100 Juden aus dem Getto und bringt sie in der vorerst schützenden Ortskommandantur unter.

Am nächsten Tag, am 27. Juli 1942, beginnt die »Aussiedlung«, der Abtransport ins Vernichtungslager. Nach der Selektion der Arbeitsfähigen werden der Wehrmacht 150 Juden als Zwangsarbeiter »zurückgegeben«. Polizeieinheiten erschießen mehrere hundert nicht transportfähige Juden an Ort und Stelle, im Sprachgebrauch der Mörder wird dies zynisch »örtliche Aussiedlung« genannt. Insgesamt 3850 Juden werden an diesem Tag in Viehwaggons der Ostbahn in das 80 Kilometer entfernte Vernichtungslager Belzec deportiert und gleich nach der Ankunft vergast.

Zwischen dem 27. Juli und dem 3. August 1942 werden etwa 12 000 Juden nach Belzec deportiert. Danach wird das Getto in Przemysl verkleinert, und die Überlebenden werden nach und nach durch Hunger, Krankheiten oder Erschießungen dezimiert. Die jüdischen Arbeitssklaven dürfen nur so lange leben, wie sie als Arbeitskräfte nicht zu ersetzen sind. Sie holen dennoch das Äußerste aus sich heraus, weil sie hoffen, so der Vernichtung zu entgehen.

Am 30. Juni 1943 verfaßt der SS- und Polizeiführer im Distrikt Galizien, SS-Gruppenführer Friedrich Katzmann, einen Geheimbericht über die »Lösung der Judenfrage in Galizien«. Katzmann (er lebte bis zu seinem Tode 1957 unerkannt unter dem Namen Albrecht in Darmstadt) meldet Galizien als »judenfrei«. Nur in einigen Lagern lebten noch 21156 Juden (»Diese werden noch laufend reduziert«). Przemysl wird nicht mehr genannt, obgleich die letzten hundert jüdischen Arbeitssklaven erst Anfang 1944 aus Przemysl deportiert werden.

In Przemysl, wo sich die deutsche Kriegsgräberfürsorge um die Friedhöfe für die Wehrmachtssoldaten kümmert, während der jüdische Friedhof verwildert ist, gibt es heute keine Juden mehr. Max Liedtke hat ein bitteres Lebensende gefunden: Er geriet in russische Kriegsgefangenschaft und ist 1955 in der Sowjetunion gestorben.

Während nahezu alle, vom Reichsbahner bis zum Schutzpolizisten, bei der Judenvernichtung funktionierten, hat Liedtke im Juli 1942 Sand in das Getriebe der Vernichtungsmaschinerie gestreut und etwa hundert Juden durch die Aufnahme in die Ortskommandantur kurzfristig gerettet. Es ist nicht bekannt, daß einer von ihnen die Nazi-Barbarei überlebt hätte; der Abtransport der etwa 12 000 Juden in die Gaskammern von Belzec verlief »planmäßig und ruhig«, ebenso die Ermordung nicht transportfähiger Juden an Ort und Stelle. Dennoch hat Liedtke ein Beispiel zum Nach-denken gegeben: Hätten andere wie der Ortskom-mandant von Przemysl gehandelt, hätten Millionen überlebt.

Ernst Klee schreibt für DIE ZEIT und für Publik-Forum. Eine Reihe der hier vorliegenden Beiträge ist dort erstpubliziert worden. Klees Fernsehfilme in der ARD (Hessischer Rundfunk) sorgten stets für eine intensive Diskussion.

Ernst Klee weiß, wovon er schreibt. Er saß freiwillig im Gefängnis, übernachtete in Obdachlosenasylen, arbeitete in der Psychiatrie und mit Behinderten. In jahrelanger Arbeit förderte er immer neue Fakten zum Nationalsozialismus zutage.